ココが見られる！ 2018年報酬改定対応

介護保険サービス別
実地指導対策のポイント

楠元睦巳
MUTSUMI KUSUMOTO

中央法規

はじめに

　実地指導への対応は、多くの介護事業所で大きな課題の一つになっています。

　実地指導対策には、法令遵守が大切だと一言でいっても、細かい運営基準や算定基準の正確な理解をベースに事業所の人員体制から記録の管理方法までを一つひとつ確認する必要があるため、決して容易なことではありません。

　そして、3年に1度行われる介護保険制度改正の結果、2018年4月より新たな運営基準、算定基準等が施行されました。当然、今後の実地指導では、改正された内容に対応する必要があります。

　読者の皆様のなかには、改正された単位数の増減に対して、サービス提供時間や職員配置を再編したり、新たな加算の取得に向けて準備に追われる方も多いことと思います。

　本書では、2018年度の制度改正によって新たに実地指導で着目されそうなポイントを解説するとともに、制度改正以前の項目についても、実地指導で指摘が多かった内容をまとめています。改正法令が施行された今、法令等の理解および実務への落とし込みは、先延ばしにできない状況です。是非、本書を参考に、新しい基準や通知の理解と併せ、現場の作業（帳票の様式変更や手順の変更等）を見直す機会にして頂ければ幸いです。

2018年9月　楠元睦巳

目次

はじめに …………………………………………………………………………… 3

序章 …………………………………………………………………………… 7

1 2018年度介護報酬改定の方向性 ………………………………………… 9

2 指導監査に関する方向性 実地指導の内容が厳しくなる!? ……… 11

3 事業所に対する訪問調査等を整理 …………………………………… 15

第1章 モヤモヤをスッキリ解決! 実地指導・監査Q&A ………… 19

Q1 「実地指導」と「監査」には どのような違いがあるのでしょうか? …… 21

Q2 実施の連絡はどのくらい前にあるのでしょうか? …… 23

Q3 日程は変更できるのでしょうか? …… 24

Q4 何名くらいで実施するのでしょうか? …… 24

Q5 当日は誰が対応するべきでしょうか? …… 25

Q6 実地指導中、急な要件が入った場合に 退席してもよいのでしょうか? …… 26

Q7 実地指導の当日は休業する必要がありますか? …… 27

Q8 実地指導の所要時間はどのくらいでしょうか? …… 27

Q9 当日はどのように進められるのでしょうか? …… 28

Q10 当日に指定取消になる場合はありますか? …… 30

第2章 実地指導対策 10のポイント …………………………………… 33

ポイント① 事業所の平面図 …………………………………………… 35

ポイント② 掲示物 …………………………………………………… 37

ポイント③	就業規則と運営規程	38
ポイント④	従業員の人員配置基準	43
ポイント⑤	従業員の勤務体制の確保	45
ポイント⑥	秘密保持等	47
ポイント⑦	防災対策	48
ポイント⑧	個人情報使用の同意	49
ポイント⑨	記録の保管	50
ポイント⑩	苦情処理、事故対応	52

第3章 サービス別 実地指導対策のポイント … 55

1	訪問介護	56
2	訪問看護・地域密着型通所介護	74
3	通所介護	86
4	通所リハビリテーション	106
5	訪問リハビリテーション	116
6	福祉用具貸与	122
7	居宅介護支援	126
8	介護老人福祉施設(特養)	144

第4章 実地指導の結果と その後の対応 … 161

1	結果報告	163
2	サービス別　改善状況報告書の作成例	168
3	再発防止へのPDCA	180

序章

CONTENTS

1　2018年度介護報酬改定の方向性
2　指導監査に関する方向性　実地指導の内容が厳しくなる!?
3　事業所に対する訪問調査等を整理

2018年度の介護保険制度改正によって、各サービスの運営・報酬の基準が大きく見直されました。まずは、制度改正の方向性と実地指導への影響などをみていきましょう。

序章

1 2018年度介護報酬改定の方向性

今回の介護報酬改定では、大きく4つの方向性が示されています。

2018年度介護報酬改定の概要　改定率：＋0.54%

Ⅰ 地域包括ケアシステムの推進

中重度の要介護者も含め、どこに住んでいても適切な医療・介護サービスを切れ目なく受けることができる体制を整備

【主な事項】
- 中重度の在宅要介護者や、居住系サービス利用者、特別養護老人ホーム入所者の医療ニーズへの対応
- 医療・介護の役割分担と連携の一層の推進
- 医療と介護の複合的ニーズに対応する介護医療院の創設
- ケアマネジメントの質の向上と公正中立性の確保
- 認知症の人への対応の強化
- 口腔衛生管理の充実と栄養改善の取組の推進
- 地域共生社会の実現に向けた取組の推進

Ⅱ 自立支援・重度化防止に資する質の高い介護サービスの実現

介護保険の理念や目的を踏まえ、安心・安全で、自立支援・重度化防止に資する質の高い介護サービスを実現

【主な事項】
- リハビリテーションに関する医師の関与の強化
- リハビリテーションにおけるアウトカム評価の拡充
- 外部のリハビリ専門職等との連携の推進を含む訪問介護等の自立支援・重度化防止の推進
- 通所介護における心身機能の維持に係るアウトカム評価の導入
- 褥瘡の発生予防のための管理や排泄に介護を要する利用者への支援に対する評価の新設
- 身体的拘束等の適正化の推進

Ⅲ 多様な人材の確保と生産性の向上

人材の有効活用・機能分化、ロボット技術等を用いた負担軽減、各種基準の緩和等を通じた効率化を推進

【主な事項】
- 生活援助の担い手の拡大
- 介護ロボットの活用の促進
- 定期巡回型サービスのオペレーターの専任要件の緩和
- ICTを活用したリハビリテーション会議への参加
- 地域密着型サービスの運営推進会議等の開催方法・開催頻度の見直し

効率化

Ⅳ 介護サービスの適正化・重点化を通じた制度の安定性・持続可能性の確保

介護サービスの適正化・重点化を図ることにより、制度の安定性・持続可能性を確保

【主な事項】
- 福祉用具貸与の価格の上限設定等
- 集合住宅居住者への訪問介護等に関する減算及び区分支給限度基準額の計算方法の見直し等
- サービス提供内容を踏まえた訪問看護の報酬体系の見直し
- 通所介護の基本報酬のサービス提供時間区分の見直し等
- 長時間の通所リハビリの基本報酬の見直し

適正化

「主な項目」を見ると、「Ⅰ地域包括ケアシステムの推進」では、医療機関との連携にかかわる項目が多くなっています。また、「Ⅱ自立支援・重度化防止に資する質の高い介護サービスの実現」については、今回の改定の大きなポイントといえる自立支援を促進するためのリハビリテーション関連の項目が多くなっています。そして、「Ⅳ介護サービスの適正化・重点化を通じた制度の安定性・持続可能性の確保」には、適正化を目的に減算項目や単位数削減の項目が多く定められました。

　制度改正では、介護サービスにかかわる報酬等だけでなく、保険者である市町村、また都道府県等の介護保険事業運営についても新たに定められました。これが、市町村介護保険事業計画や都道府県の介護保険事業支援計画になります。

序章

② 指導監査に関する方向性
　 実地指導の内容が厳しくなる!?

●「目標設定」の必須化

　2018年度からの第7期介護保険事業計画では、事業所に対する指導監査を行う行政による「介護給付費等に要する費用の適正化への取組及び目標設定」が初めて必須記載事項となりました。これまで、任意とされていた事項が「必須」とされたため、行政側の「ヤル気度」は相当上がることが想定されます。

　これに対して、国も事業所に対する指導監督に対しては、全国の自治体に向け、体制の整備と充実を図ることを目指しています。具体的には、全国介護保険・高齢者保健福祉担当課長会議（2018年3月6日開催）において、市町村に居宅介護支援事業所の指定権限が移譲されたことを踏まえ、市町村向けに居宅介護支援事業所実地指導支援マニュアルを作成していることを発表しました。

●高齢者向け集合住宅に対する指導強化

　さまざまな課題が指摘されているサービス付き高齢者向け住宅について、重点的な実地指導が推進されるように、「高齢者向け集合住宅関連事業所指導強化推進事業」が予算化されました。これにより、高齢者向け集合住宅の入居者に介護サービスを提供している事業所に対し、重点的に実地指導が行われることになります。

● 事前通知なしの実地指導も？

　また、虐待行為に対しては、事前通知なしの実地指導が可能であることや、通報・苦情等により不正が疑われる場合は、速やかに監査を行うこと等の対応が示されています。

身体的虐待の疑いのある場合

●不正に対してはさらに厳しく

　さらに、不正があった居宅サービス事業所の給付管理を行っている居宅介護支援事業所に対しても不正への関与が疑われるとして、「芋づる式」に実地指導や監査が実施されることも示されています。

不正への関与の疑い

この他、新規事業所や集団指導を欠席した事業所も優先的に実地指導を行う対象として挙げられています。
　地域密着型サービスについては、市町村が指定権者であり、実地指導も市町村が行うことになりますが、不正があった場合には、その事業者（法人）が、運営している地域密着型サービス事業所のある他市町村へも情報共有を行うとしており、指定権者の枠を超えた連携も図られることになります。

集団指導欠席の事業者には優先的な実地指導

序章

③ 事業所に対する訪問調査等を整理

　本書は、2018 年度の制度改正の内容を踏まえ、想定される実地指導でのポイントに対応できるようにすることを目的としています。話を進める前に、ここで改めて各用語の意味を確認しておきましょう。

　下表のように訪問調査には 4 つの種類があります。これらは、それぞれ目的等に違いがあるため、その区別を理解しておく必要があります。しかし、筆者はこれまで多くの方が「実地指導」のことを「監査」と言っているのを聞いたことがあります。また、「実地指導」以外でも、「第三者評価」、「介護サービス情報の公表」についても同様です。ここでは、詳しくこの 4 つの種類の内容をみていきましょう。

訪問調査等の種類

	名称	概要	受審	実施者	調査結果	備考
1	第三者評価	利用者のサービス選択の支援が目的。評価基準に基づいて基準の達成度を評価する。	任意 ※一部社会福祉法人に義務有	評価機関	公表	利用者アンケート・職員アンケートあり
2	介護サービス情報の公表	利用者の事業者選択に資する情報を開示する。	義務	行政（委託先）	公表	
3	実地指導	サービスの質の向上及び保険給付の適正化による健全な事業者育成を支援する。	義務	行政	公表なし	
4	監査	指定基準違反や不正請求が疑われる場合に行う。	義務	行政	処分対象の場合公表	

> 結果によっては改善すべき点等の評価がある

> 職員数、有資格者数、マニュアルの有無等の確認結果が公表される

> 結果に不適正があると介護報酬の返還や監査実施へ

> 結果によっては営業停止や指定取消も

15

●第三者評価

　まず、「第三者評価」ですが、「評価」という名称が示すとおり、優れた取り組みをしているか、利用者の満足度が高いか、はたまた改善が望まれる状況であるか、利用者から不満の声があるのかが報告される調査になります。実施状況は都道府県によって大きく異なりますが、実施件数の多い東京都では、原則として社会福祉法人の施設系サービスが対象となっており、他法人や居宅系サービスについては、任意の受審となっています。受審義務のある事業所では、3年に一度の調査が行われます。調査方法は、通常、訪問調査で調査員が2〜3名で丸1日かけてヒアリングや帳票類の確認を行い、他に利用者アンケート、職員アンケートが実施されます。

●介護サービス情報の公表

　次に「介護サービス情報の公表」ですが、こちらは、第三者評価と異なり、全介護事業所に受審の義務があります。訪問調査は、6年に1回（指定有効期間）行われ、他の年は書面での報告のみになります（東京都の場合）。訪問調査では、基本情報として利用者数、職員数等が示され、運営情報として、サービス提供にかかわるマニュアル、研修、記録等の有無を確認します。

　1利用者分だけでも書類が揃っていれば、全利用者も同様とみなすという簡易的な確認方法がとられています。このため、調査員1名が2〜3時間の調査時間で対応しています。結果については、基本情報、運営情報が公表されます。ただし、「評価」ではないので、優れている点や改善すべき点については言及はありません。

● 実地指導

　まず、行政が行う「指導」には、「集団指導」と「実地指導」があります。「集団指導」は、毎年実施されます。市民ホール等の会場に都道府県内等の事業所の代表者を集めて実施します。サービス単位で実施時間が区切られている場合が多く、おおむね1時間程度の場合が多くなっています。行政からの一方的な情報提供であり、各事業所の状況に対してのコメントもありません。

　一方、「実地指導」は、原則、指定有効期間である6年に1回行うことになっています。一般的に丸1日かけての訪問調査が実施されますが、その結果は、当該事業所に通知されるだけで、公表されません。

　また、法令等に基づく基準で指導が行われるため、利用者の満足度等も確認されません。

● 監査

　そして「監査」は「指定基準違反や不正請求が疑われる場合」に、行政や国保連合会等への問い合わせ情報等に基づいて、違反や不正の疑いのある事業所へ行う立ち入り検査のことです。場合によっては、実地指導の結果（違反や不正の疑い）、そのまま引き続いて、監査を実施することもあります。さらに、虐待の疑いのような、利用者や入所者等の生命の危機につながる情報があった場合には、予告なく即日で訪問する場合もあります。

　「監査」の結果は公表されませんが、その後、行政処分（営業停止、指定取消等）の対象となった場合は、行政のホームページ等にて公表されます。

※実地指導と監査の違いについては、P21で詳しく解説しています。

第1章
モヤモヤをスッキリ解決！
実地指導・監査Ｑ＆Ａ

CONTENTS

Q1 「実地指導」と「監査」には
どのような違いがあるのでしょうか？

Q2 実施の連絡はどのくらい前にあるのでしょうか？

Q3 日程は変更できるのでしょうか？

Q4 何名くらいで実施するのでしょうか？

Q5 当日は誰が対応するべきでしょうか？

Q6 実地指導中、急な要件が入った場合に
退席してもよいのでしょうか？

Q7 実地指導の当日は休業する必要がありますか？

Q8 実地指導の所要時間はどのくらいでしょうか？

Q9 当日はどのように進められるのでしょうか？

Q10 当日に指定取消になる場合はありますか？

「いつ」「何を」「どのように」チェックされるのだろう…、といった実地指導に対する漠然とした疑問や不安。まずは、そんなモヤモヤを解消しましょう。

Q1 「実地指導」と「監査」にはどのような違いがあるのでしょうか？

 A 「実地指導」は法令に則り適正に運営できているかを、「監査」は不正や違反を確認するものです。

　「実地指導」は、介護サービス事業所の育成・支援を行い、運営管理の適正化とよりよいケアの実現を目的としています。一方、「監査」は、不正請求や指定基準違反に対する機敏な対応で不適切な運営や介護報酬の支払いを早期に停止させることを目的としています。

　「実地指導」と「監査」の大きな違いをまとめると下記表のようになります。

　一言でいえば、「実地指導」は、「法令に則り運営できてますか？確認させて下さい」というスタンスであり、「監査」は「不正の疑いがあります！証拠を押さえます！」という「疑い」が前提のスタンスで行われるものだということです。

実地指導と監査の違い

	実地指導	監査
目的	保険給付の適正化、指導等	違反や不正の疑義の確認等
事前連絡	2週間〜1か月前	前日や当日の場合もある
実施時間	事前に予定が連絡される 概ね1日	予定は示されない 1時間未満の場合もある
その他	同一拠点で複数サービス実施の場合、同時に実施する場合がある	同一法人の複数事業所に同時刻に立ち入る場合もある

21

実地指導と監査

❶通報・苦情・相談などに基づく情報
❷国保連・地域包括支援センターなどへ寄せられる苦情
❸国保連・保険者からの通報情報
❹介護保険給付費適正化システムの分析から特異傾向を示す事業者
❺介護サービス情報の公表制度に係る報告の拒否等に関する情報

Q2 実施の連絡はどのくらい前にあるのでしょうか？

A おおむね2週間〜1か月前に連絡があります。

　実施する都道府県、市町村により異なりますが、おおむね2週間前から1か月前に設定される場合が多いようです。

実地指導の実施通知（例）

```
                                              平成30年6月11日
  株式会社　○○居宅介護支援事業所　代表者　様
                                         ○○市長　○○○○

              実地指導の実施にについて
    上記について、下記の通り実施しますので通知します。
                      記
  1 指導の根拠規定及び目的
    根拠規定　　介護保険法第23条、第76条、第83条及び第115条の7
    目　的　　　事業所におけるサービスの質の確保、利用者保護及び保険給付の適正化
                を図る
  2 対象事業所
    株式会社　○○居宅介護支援事業所
  3 対象サービス
    居宅介護支援
  4 日時及び場所
    日　時　　平成29年7月16日(木)　午前9時30分から午後5時まで
    場　所　　株式会社　○○居宅介護支援事業所
    なお、進捗状況により、終了時間に変更が生じる場合があります。
  5 指導担当者
    介護保険課介護給付係
    ○○○○　○○○○
  6 出席者
    事業所管理者及びその他関係者の立会いをお願いします。
  7 事前提出書類
    (1)運営規程
    (2)利用申込者との契約書様式
    (3)重要事項を記載した説明文書
    (4)職員名簿・勤務状況表
    [提出期限]　平成29年7月6日(月)
  8 当日準備すべき書類等
    別紙のとおり
                                             担当
                                             ○○市介護保険課介護給付係
```

モヤモヤ
Q3 日程は変更できるのでしょうか？

A 日程調整に応じてもらえる場合もあります。

　行政側から連絡のあった実地指導の予定日に、管理者の出張や事業所での大きなイベント開催がある場合には、実地指導への対応が難しくなると考えられます。このような場合は、事情を説明し、日程の調整を依頼してみましょう。筆者が実際に依頼したケースでは、いずれも調整に応じていただけました。日数にしておおむね1週間くらいの調整でした。

モヤモヤ
Q4 何名くらいで実施するのでしょうか？

A 事業所の規模等にもよりますが、3～4名の場合が多いです。

　実地指導の担当者については、行政から事前に送られてくる通知に氏名の記載がある場合がほとんどです。また、居宅介護支援事業のみの小さい事業所であれば2名であったり、特養等の施設の場合は、5名以上という場合が多くなっています。
　ただし、実際には直前になって都道府県が実施する実地指導に保険者（市町村）の担当者が同行することになったという事例もあり、7名以上の場合もあります。可能であれば、当日は余裕をもったスペースやイスの数を用意しておくのが望ましいといえます。

Q5 当日は誰が対応するべきでしょうか？

A 原則、管理者です。その他、計画作成、サービス提供、保険請求等に詳しい担当者が同席することも可能です。

　運営基準には管理者の責務として、「事業所の従業者の管理及びサービスの実施状況の把握その他の管理を一元的に行うものである」と掲げられています。

　このため、原則、管理者の対応が求められます。実際には、個々の業務に関してはそれに詳しい担当者が同席し、対応しても差し支えありません。また、複数事業所のある法人では、本社や本部で実地指導の対応を行う部署があり、その担当者が同席する場合もあります。管理者は、兼務が認められていますが、「業務に支障がない」ことが要件になっています。

　以前に筆者が同席した実地指導では、兼務している管理者がほとんど質問に回答できず、直接の担当者にばかり回答させていたところ、行政側の担当者から「管理者として、もっと状況を把握するべきです」と指摘を受けたことがあります。管理者が現場に任せきりで、状況を把握していない、ということにならないようにしましょう。

モヤモヤ Q6 実地指導中、急な要件が入った場合に退席してもよいのでしょうか？

A まず、事情を説明し、至急対応の必要があることを伝えることが重要です。

　実地指導の多くは平日の日中に行われます。事業所にとっては、営業時間なので、急な要件等があってもおかしくありません。そんな時は、しっかりと状況の説明をする必要があります。

　筆者が現場で経験した事例で、実地指導中（東京都内）に管理者宛てに利用者の入院を伝える電話がありました。事情を説明したところ、行政担当者より「利用者の対応を最優先」との配慮をいただき、実地指導には他の職員で対応したことがありました。

至急対応時は行政担当者へ説明

モヤモヤ Q7　実地指導の当日は休業する必要がありますか？

A　休業の必要はありません。

　Q6でも解説しましたが、実地指導は平日の日中に実施されるため、事業所としてもサービス提供中ということになります。ただし、小さい事業所では、管理者が兼務でケアマネジャー、サービス提供責任者、生活相談員、看護職員等を兼務している場合が多いでしょう。まずは、当日の職員のシフトを調整し、できるだけ管理者の方が現場の対応をしなくてもよいような体制で対応することが望ましいでしょう。

　管理者が対応しなければならない事態になった場合には、Q6のように行政担当者に相談をしましょう。

モヤモヤ Q8　実地指導の所要時間はどのくらいでしょうか？

A　ほぼ1日を要します。

　行政からの通知には開始時間、終了時間の記載があります。事業所の規模や、当日の進捗状況にもよりますが、一般的にはほぼ1日を要すると考えておきましょう。

モヤモヤ Q9 当日はどのように進められるのでしょうか？

A 前半は「運営指導」、後半は「報酬請求指導」の順番で行います。

具体的な実地指導の当日の流れを見ていきましょう。訪問する行政の担当者は、居宅介護支援事業所のみ訪問であれば2～3名ですが、サ高住も併設されていたりすると、住宅関係部門の担当者も同行する場合があり、5名以上になります。

●運営指導

前半は事務所内の確認が中心となります。相談室やキャビネット等の設備の状況を確認します。確認項目としては、相談室はプライバシーを保てる空間か、壁や掲示板には重要事項の説明、指定通知書、運営規定の概要、従業者の勤務体制、個人情報の取り扱い方針等の掲示があるかなどです。特に個人情報である利用者ファイル等を保管するキャビネット等は施錠可能なものにし、鍵の管理方法も定めておく必要があります。その後、高齢者虐待、身体拘束についての理解、人員（従業員）、運営に関する事項が確認されます。

●報酬請求指導

後半は、報酬請求指導として算定基準等に基づいて実施状況の確認や、介護報酬請求の根拠となる書類が確認されます。特に、特定事業所加算等の加算を取得している場合は、提示を求められる書類が多くなります。おおむね16時半頃にはヒアリングが終了し、17時頃から講評として、実地指導の結果が伝えられます。結果については、通常口頭で伝えられますが、手書きの資料を提示してもらえる場合もあります。

章 **1** 章　モヤモヤをスッキリ解決！　実地指導・監査 Q & A

実地指導当日の流れ

9：00【運営指導】
・事業所内確認（設備、掲示物等）
・認知症ケアの理解
・高齢者虐待防止、身体拘束禁止についての理解
・人員（従業員）関連
・運営関連
・一連のケアマネジメントプロセス理解

当日確認される書類
【運営関連・掲示物】
・指定通知書
・運営規程の概要
・従業者の勤務体制
・重要事項説明書
・苦情処理の概要
・個人情報の取扱方針

17：00【報酬請求指導】
・報酬基準に基づいた実施の確認の実施状況確認
【講評】
実地指導の結果について、

※都道府県、市町村によって指導当時の流れや日程は異なる。

当日確認される書類
【運営関連】
・勤務表（約1年分）
・出勤簿、タイムカード
・雇用契約書等
・資格者証等
・秘密保持誓約書等
・運営規程
・就業規定
・職務分担表
・苦情受付簿
・事故報告書他
・研修に関する記録
・健康診断の記録
・指定申請書・変更届
・介護給付費算定に係る体制等に関する届出書（加算届け）
・業務管理体制に係る届出書

当日確認される書類
【利用者関連】
・被保険者証（写し）
・負担割合証
・アセスメント表
・居宅・施設サービス計画
・個別サービス計画書（写し）
・サービス担当者会議（要点）
・サービス提供（支援経過）記録
・サービス利用票・提供票
・契約書
・重要事項説明書
・個人情報使用同意書
・個人情報使用同意書等
・要介護認定申請書（控え）
・主治医との連携記録
・給付管理票
・介護給付費明細書

Q10 当日に指定取消になる場合はありますか？

A　即時の取り消しはありません。

　実地指導の当日の指定取消は、まずないと言えます。実地指導時において著しく悪質な不正請求と認められる場合には、「監査」に切り替わる可能性があります。そこから、指定取消に至るまでは、勧告・命令等の段階を経ることになります。ただし、指摘を受けた時点から指定基準違反や不正請求を行うような極めて悪質な場合は、勧告・命令等のプロセスがなく、指定取消となる場合があります。

指導と監査の流れ

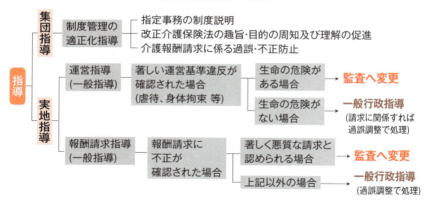

第1章 モヤモヤをスッキリ解決！ 実地指導・監査Q&A

監査

- 必要があると認めるとき ─ 実地検査
  - ○利用者・家族等からの通報、内部密告 ○国保連、地域包括支援センターに寄せられる苦情 ○「介護サービス情報の公表」制度に係る報告の未実施情報 ○保険者が独自に行う介護給付費分析から特異傾向を示す事業者情報
- 実地指導から監査に変更した場合

実地検査・実地指導から監査に変更した場合：
- 改善勧告に至らない場合 → **改善報告書**
- 指定基準違反の場合 → 勧告・命令等 → **指定の取消等**
- 指定時点からの基準違反 → **指定の取消等**
- 著しい運営基準違反（生命の危険がある場合）→ 勧告・命令等 → **指定の取消等**
- 著しく悪質な請求の場合（改善の余地がある場合）→ 勧告・命令等 → **指定の取消等**
- 指定時点からの指定基準違反又は不正な請求の場合 → **指定の取消等**

※この場合不正請求額は、改善勧告に至らない場合については過誤調整、改善勧告を受けた場合については返還金、特に改善命令以上の行政処分を受けた場合には返還金には法第22条に基づく加算金を加える。

第2章
実地指導対策
10のポイント

CONTENTS

ポイント① 事業所の平面図

ポイント② 掲示物

ポイント③ 就業規則と運営規程

ポイント④ 従業員の人員配置基準

ポイント⑤ 従業員の勤務体制の確保

ポイント⑥ 秘密保持等

ポイント⑦ 防災対策

ポイント⑧ 個人情報使用の同意

ポイント⑨ 記録の保管

ポイント⑩ 苦情処理、事故対応

平面図、掲示物、就業規則など介護保険の全サービスに共通する実地指導対策における10のポイントを解説します。

ポイント❶ 事業所の平面図

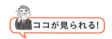

☑ 開設時以降の設置等は、改めて面積等の再集計を

　指定申請時の平面図、もしくは指定後の変更届で提出した平面図と異なっている場合に指摘を受けることがあります。P28、29で示した、実地指導時の標準的なスケジュールには記載されていませんでしたが、設備や面積要件がある場合、寸法確認を一番最初に実施されることが多くあります。

　たとえば、通所介護の場合、食堂兼機能訓練室の面積要件（定員1名あたり3㎡以上）がありますが、開設後に設置したキャビネット等で移動できないものは、食堂兼機能訓練室の面積から省いて計算されます。開設時以降に設置している場合は、改めて面積の集計、確認が必要になります。

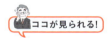

☑ 会議室のパーテーションの高さは目線の高さ以上

　また、相談室は訪問系、通所系、施設系問わず設置しなければなりませんが、狭い事業所では、独立した部屋ではなく、パーテーションで囲った設置も見られます。この場合、目線の高さ以上のパーテーションであれば可とされています。ただし、布1枚の間仕切りでは、会話内容が聞こえるとして指摘を受けた事例がありました。また、相談室が広かったために、棚を設置し、紙おむつやコピー用紙等を保管していた通所介護の事業所では、兼用不可と指摘され置き場を移動した事例もあります。

　また、相談室については、実際には使用する機会が少ない事業所も多くあるかも知れませんが、設置が適切でないために設備基準に違反したとして指定の一部の効力停止処分を受けた事業所もあります。指定申請時に相談室としていたところを法人の役員室として使用していたことが処分の理由でした。

ポイント❷ 掲示物

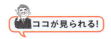

☑ 職員数等の変更時は随時更新を

　事業所内の掲示物については、ポイント①同様、実地指導当日、一番最初に実施されることが多く事業所内の見学時にチェックされます。

　対象となる掲示物は、以下のとおりです。

- 指定通知書
- 運営規程の概要
- 従業者の勤務体制
- 重要事項説明書
- 苦情処理の概要
- 個人情報の取扱方針

　指定申請時に作成する書類を元に作成できるものが多く、多くの事業所では、対応されている項目です。ただし、職員数、管理者に変更があった場合には、内容を更新する必要があります。指定通知書は、開設時以降に指定更新を受けた場合は、更新時の通知書に差し替えます。

ポイント❸ 就業規則と運営規程

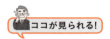

☑ 就業規則通りに実施されているか

　就業規則については、単に作成されているかということだけではなく、その規則通りに実施されているかが確認されます。

　具体的には、就業規則に基づき雇用契約書が作成されているかがポイントになります。雇用契約書には、就業日、就業場所、雇用形態（常勤、非常勤等）、職種等の記載が求められます。人員基準を確認する上で重要な「常勤換算」の根拠となる「常勤の従業者が勤務すべき時間数」も就業規則に定められ、雇用契約書にも記載される必要があります。また、非常勤で採用された職員が後に常勤となった場合等も、常勤職員としての雇用契約書に更新する等の対応が必要になります。

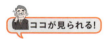

☑ 資格者証は合格証書修了証明書ではない

　職種については、その業務に応じた資格者証（看護師、介護支援専門員、介護福祉士等）のコピーも確認されます。

　特に資格者証については、介護福祉士試験の合格証書等、資格保有要件を満たさない書類のコピーを保管してしまっているケースがあります。短期間で退職されてしまう方もおられますので、入社（入職）手続時にもれなく必要書類を揃えるようにすることが必要です。

資格証明○と×

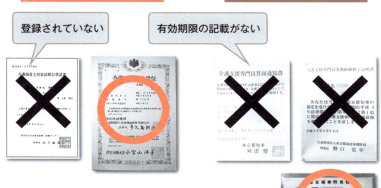

《よく間違う事例》

・介護福祉士
（正）介護福祉士登録証のコピーが必要
（誤）介護福祉士合格証書のコピーが保管されていた

・介護支援専門員
（正）介護支援専門員証（写真入り）のコピーが必要
（誤）実務研修修了証明書、介護支援専門員登録通知書のコピーが保管されていた

ココが見られる！

☑ 職種変更を伴う異動は辞令を交付

　法人内で複数事業を展開している場合に、人事異動により、採用時の就業場所と現在の就業場所が異なるケースがあります。また、採用後に新たに資格を取得した場合も、法人内で訪問介護のサービス提供責任者から、居宅介護支援のケアマネジャーの業務に異動する場合などがあると思います。このような場合は、辞令により、就業場所や職種の変更を明示する必要があります。当日、確認が求められてもよいように、各自が事例を用意しておくとよいでしょう。

異動時は辞令により変更を明示

> **辞令**
>
> 訪問介護事業部　大池百合子様
>
> 貴殿を平成30年4月1日付けで、
> 居宅介護支援事業部介護支援専門員に命じます。
>
> 平成30年3月31日
> 　　築地ケア株式会社
> 　　代表取締役社長　大泉進次郎

法人内の別事業所や別職種で勤務する場合は辞令で示す

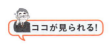

☑ 雇用契約時の書類内容

　雇用契約時の書類の内容等は、事業所の人員配置基準の要件の確認に直接かかわるため、重要なポイントです。

　管理者が、雇用契約上、非常勤のままであったり、訪問介護のヘルパーとして採用した職員が辞令もなく、ケアマネジャー業務を行っていたということがないように、都度雇用契約書の更新や辞令の交付を行うことが必要となります。

事前提出書類による、雇用日と現在の職種に就いた日の確認例（福島県）

職員名	当該事務所で勤務を始めた日	現在の職種に就いた日	辞令交付又は雇用契約等	資格等及び資格取得年月日
A	H18.4.1	H18.10.1	辞令	ー
B	同上	H18.5.1	辞令	介護福祉士　H12.5.1
C	H18.6.2	H18.6.2	辞令	ヘルパー研修2級 H16.4.1

- 法人での雇用の日
- 現在の職種で働き始めた日
- 雇用日や現在の職種で働き始めた日を確認する書類

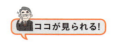

☑ 運営規程は変更の都度更新を

　運営規程については、指定申請時や変更届の提出時に作成・更新されているため、最新版を提示すれば問題ありませんが、職員数や営業時間等が変更された場合には、更新する必要があります。運営規程は、実地指導の事前提出書類に含まれる場合が多いですが、提出時に「更新されていない」ことに気づく場合もあります（たとえば、訪問介護で3か月前からサービス提供責任者が1名増えていた等）。このような場合は、運営規程を訂正して変更届を提出する必要があります。

　変更届については、変更後10日以内に提出するものとされています。

ポイント④ 従業員の人員配置基準

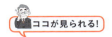

☑ 人員の基準値を満たしているかどうか

　実地指導において重点的にチェックされる項目の一つが従業員の人員配置基準です。言葉の定義としては、人員基準は、「常勤換算値2.5人」など、ひと月あたりの勤務時間合計で設定されるものであり、毎日その人数が出勤しなければならないという人数ではありません。

　一方、配置基準は、「サービス提供時間を通じて」、「利用者5人あたりにつき」等、その日、その時間にサービス提供場所に必要な職員の人数となります。人員基準は、居宅サービス、施設サービスを問わず、どのサービスにおいても、これを満たしていることがサービス提供上の必須条件ともいえます。

　人員基準を満たしていない場合は、通所介護や介護福祉施設（特養）のように、看護職員・介護職員が基準に満たない場合の減算（×70%）という介護報酬上のペナルティが設定されている場合があります。一方、訪問介護や訪問看護では、訪問介護員、看護職員が常勤換算2.5人とされていますが、減算の単位数は設定されていません。その数値に満たない場合は、「人員基準違反」となります。

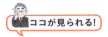

☑ 勤務表やタイムカード等の実績が根拠となる

　実地指導時の人員・配置に関する確認は、勤務表、タイムカード等の照合や集計等、詳細に行われるため、辻つまが合わない記録があると、「監査」に切り替わることもあり得ます。人員基準を割り込んでしまう相談に対しては、その事実をもってすぐに基準を満たさないために指定取消となることはありません。改善が必要な点への対応策の内容により、猶予期限が定められるのが一般的です。

また、人員配置基準については、ポイント③の就業規則の内容と関連して確認されることになります。人員基準で定められた有資格者が揃っているか、それが雇用契約や辞令の内容と合っているか、そして有資格者であることを証明する書類（資格者証コピー）は揃っているかという点は関連づけて確認しておくことが必要です。

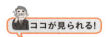

☑ 退職等の急な人員変更の場合、その対応は市町村に相談を

　小規模な事業所では、職員の急な退職や入院等で人員基準の2.5人を割り込む可能性が高いと思われます。他の非常勤職員等の出勤を増やしたり、新しい職員の採用予定があるような場合は問題ありませんが、そのような対応がとれない場合には、指定権者である都道府県または、市町村に相談することが望ましいでしょう。「常勤換算値が人員基準の2.5人より少ないと、指定取消になってしまう」と恐れて、新しい職員が採用できるまで、出勤できない職員を「勤務していたことにしよう」とすると、「人員基準違反」以上に記録の改ざん「虚偽」にあたります。

記録の改ざんは「虚偽」

ポイント❺ 従業員の勤務体制の確保

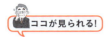

☑ 勤務体制表や出勤簿は誤りなく正確に記録を

　勤務体制表は、ポイント④で説明した人員配置基準が確保できている証拠を示す手段の一つでもあります。訪問介護員常勤換算2.5人といっても雇用契約書や資格者証だけでは、本当に2.5人の体制になっているかが確認できません。それを証明するのが、勤務体制表（シフト表）や出勤簿（タイムカード）になります。

　利用者、入所者数に合わせて職員数が定められる場合は、日単位の就業時間の集計、確認が欠かせません。たとえば、通所介護の場合、1日の利用者に対して、介護職員に10時間の勤務が必要だったとしましょう。実地指導時ではこれら勤務体制表（シフト表）や出勤簿（タイムカード）の記載内容を集計し、基準が満たされていることを確認します。具体的には、行政担当者は、持参した集計表に事業所で記載された、勤務体制表や出勤簿の数値を電卓で集計し、集計表にまとめて確認しています。

勤務表の記録の誤り

勤務表　平成30年8月

職員名	職種	1 水	2 木	3 金	4 土	5 日
△△	介護職員	4	4	4	4	4
○○	介護職員	3	3	3	3	3
□□	介護職員	3	3	3	3	3

誤って、いつも通りの入力をしてしまった。実際には○○さんは、2時間なので、合計9時間になり、1時間分介護職員が不足している。

タイムカード　平成30年8月

職員名　○○

日	出勤	退勤	勤務時間
1	13:00	16:00	3:00
2	13:00	16:00	3:00
3	13:00	15:00	2:00
4	13:00	16:00	3:00

間違い！

早退しました

いつもより1時間短かった

このようなミスもしっかりチェックされます

ココが見られる!

☑ 兼務の場合は、サービスごとの実績を記録

　特に、兼務している場合の勤務実績については、重複がないようにそれぞれの業務で何時間かを記録する必要があります。

　たとえば、訪問介護の管理者とサービス提供責任者業務、また居宅介護支援のケアマネジャーと通所介護の生活相談員等という場合です。実際には、時間毎に仕事を切り分けられないので、「どちらも合わせて1日8時間です」という場合もあるでしょう。しかし、その記録ではどちらもやっていないに等しいことになります。大まかに半々であれば9～13時がケアマネジャー、13～17時が生活相談員とする必要があります。

　事業所によっては勤務体制表を、表計算ソフト（エクセル）で作成し、日々の集計、月次の集計を行っているところも多くあります。職員毎の日々の就業実績を入力することで、1日、1か月の稼働時間が確認できるのは、大変便利ですが、集計ミスがあると勤務予定を作成する際に誤った人数や時間で従業員を配置し、意図しない人員基準違反になりかねません。

　勤務体制表に書式の定めはありませんが、都道府県や市町村がホームページでサンプルを掲載している「勤務形態一覧表」に合わせたほうが行政担当者に対して、一覧表の運用上の疑問点があった場合も質問がしやすくなります。

兼務の場合の勤務表

A居宅介護支援事業所　○山○子	A訪問介護事業所　○山○子
12/1　9:00～18:00	12/1　―
12/2　9:00～13:00	12/2　13:00～18:00
12/3　―	12/3　9:00～18:00
12/4　9:00～18:00	12/4　―

兼務の場合、重複がないことを示す

ポイント❻ 秘密保持等

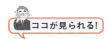ココが見られる!

☑ 雇用契約書等に規定されているか

　介護サービスにかかわる職員であれば、秘密保持、守秘義務の遵守は、当然のように実施できていると思います。実地指導では、実際に秘密保持ができているかどうかは確認することができないので、雇用契約書や誓約書等に規定されているかを確認します。特に、退職後も継続して秘密保持を行う規定がポイントとなります。

雇用契約書（例）

（退職・解雇事由）
第7条　甲は、乙に対し就業規則の定めるところにより普通解雇、休職期間満了退職、懲戒解雇等を行うことがあり、乙は甲を退職しようとする場合にはできるだけ1カ月前に申し出るよう努めるものとする。（雇用期間の定めのある職員について、更新しないときは1カ月前に通知する。）

（守秘義務）　← 雇用契約書等で守秘義務があることを示す
第8条　乙は、甲に対し職務上知り得た秘密（入居者、サービス利用者、その家族等の秘密・個人情報も含む。）の守秘義務を負うとともに、不当にこれを漏洩し、開示し、甲及び関係者の名誉・信用・プライバシー等を侵害してはならない。乙は取材、学会等の発表にあたっても甲の承諾なしにこれらの守秘義務事項等についての開示を行ってはならない。**施設の退職後においても同様**とする。　← 退職後も守秘義務があることを明記

（自己啓発・協調義務）
第9条　乙は、甲に対し自ら能力の開発、向上に努めるとともに他の職員と協調し、当施設入居者等のサービス利用者等への介護サービス向上と安全・快適な生活の保持に努めるものとする。

ポイント❼ 防災対策

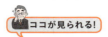

☑ 緊急連絡網等は随時更新を

　実地指導では、非常災害時のなサービス提供についても確認されます。これは、国が定める運営基準に非常災害対策の項目が示されており、法的に対応が必要とされています。

　主な内容は、非常災害時の対応を想定し、避難訓練の計画を策定し、実施すること。また、災害時の緊急連絡網の作成や行政や関連機関との通報連絡体制も整備することが必要になります。

　多くの事業所において、職員の連絡先や非常災害時の役割を記載した緊急連絡網が作成されていますが、更新されていないために退職した職員がそのまま記載されていたり、以前の携帯番号のままであったりと実際に使用するとうまく機能しないものもあります。災害当日に連絡の不備が発覚するのは避けたいところなので、毎月見直し、確認することが望まれます。

ポイント❽ 個人情報使用の同意

☑ 家族を含めた同意が必要

　介護事業所における個人情報の使用は、利用者や入所者にかかわる連絡や相談で行政、医療機関、介護事業所等との情報交換の際に生じるものです。多くの事業所では、個人情報使用の同意書により対応していますが、指摘事例を見ると、対象が本人のみで家族が入っていないケースなどがあります。実地指導では家族も同意しているかを確認されるので、家族も含めた個人情報使用の同意書を作成し、署名をもらうことが必要になります。

個人情報使用同意書（例）

私が、貴事業所の指定居宅サービス○○○○（事業所名）を利用するにあたり、私及びその**家族の個人情報**については、次に記載するところにより必要最小限の範囲内で使用することに同意します。

> **利用者だけでなく、家族も対象になっていること**

1 使用する目的
　事業者が、介護保険法に関連する法令に基づき、私に行うサービスを円滑に実施するため、サービス担当者会議又は私が利用する他のサービス事業者等と情報の共有が必要な場合に使用する。
2 使用に当たっての条件
　（1）個人情報の提供は、上記1に記載する目的の範囲内で必要最小限に留め、情報提供の際には関係者以外には決して漏れることのないよう細心の注意を払うこと。
　（2）事業者は、個人情報を使用した会議の内容、参加者、経過等について、記録しておくこと。
3 個人情報の内容（例示）
　（1）氏名、住所、健康状態、病歴、家庭状況等事業所が、サービスを提供するために最小限必要な利用者やその家族個人に関する情報
　（2）その他利用者及びその家族に関する情報であって、特定の個人が識別され、または識別されうる情報
4 使用する期間
　　平成　　年　　月　　日からサービス利用契約終了時までとする。
　　平成　　年　　月　　日
　　指定居宅サービス事業者名　代表者名　　　　　　　　様

【利用者】　　住所
　　　　　　　氏名　　　　　　　　　　　　　印
【利用者代理人】住所　　　　　　　　続柄
　　　　　　　氏名　　　　　　　　　　　　　印
【**家族代表者**】住所　　　　　　　　続柄
　　　　　　　氏名　　　　　　　　　　　　　印

> **利用者とは別に家族も同意していること**

ポイント⑨ 記録の保管

☑ 保管期間は契約終了時からカウント

　実地指導において、形の残らない介護サービスの状況を伝える手段は記録になります。逆にいえば、記録がなければ、「実際に提供したサービス」であっても「提供したことにならない」（提供した根拠を示すことができない）ということになります。

　記録の保管は国の基準では、サービスの種類を問わず2年間とされています。この期間は、サービス提供から2年間ではなく、利用者や入所者の契約が終了してから、つまり死亡や他施設入所等により、サービスを利用しなくなってから2年間となります。よって、10年継続して利用されている利用者の記録は、10年分保管しておく必要があります。

保管期間のカウント

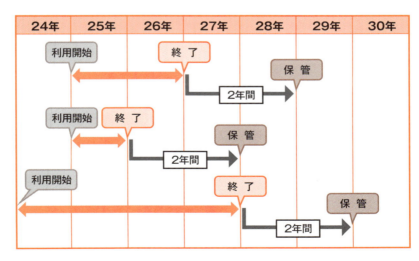

☑ 保管期間は自治体により異なる

　保管の期間については、都道府県や市町村等条例で契約終了後5年間に延長して定めている場合も多くあります。介護事業所からの介護給付費請求はサービス提供から2年間で時効となりますが、保険者の介護事業所に対する介護給付費の返還請求権は5年間なので、事業所としても実際には5年間のほうが望ましいといえます。

　都道府県や市町村等の条例では、上記のような記録の保管の期間のほか、保管の起算日、また対象となる記録書類が条例により異なる場合があります。これらの内容については、指定権者である都道府県または市町村へ確認しましょう。

自治体により異なる保管期間と書類

市町村	起算日と保管年限	保存書類の種類
A	完結の日から2年	保存書類は省令と同じ
B	支援の提供日から5年	省令に加えて、請求関係書類も保存が必要
C	介護報酬の支払を受けた日から5年	省令に加えて、請求関係書類と勤務体制に関する記録も保存が必要
D	契約終了日から5年	保存書類は省令よりも少ない（連絡調整の記録は保存義務がない等）

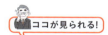

☑ 保管方法は電子媒体でも可

　紙媒体の記録だけではなく、電子媒体での記録も可とされています。自治体もICT（情報通信技術）を活用し、関係書類を電子媒体で管理している事業所に対しては、紙媒体での提出を求めず、電子媒体によって必要書類を確認するなど、事業者に配慮した実地指導も検討するとしており、今後、対象範囲が広がることが見込まれます。

ポイント❿ 苦情処理、事故対応

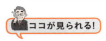

☑ 苦情や事故に対する再発防止策があるか

　苦情に対する対応は、重要事項説明書に明記されており、基本的な窓口として、事業所の苦情相談窓口として担当者名（多くの場合、管理者名）と電話番号が記載されています。また、事業所以外の相談窓口として、保険者（介護保険課等）と都道府県国保連が示されています。

　苦情に関して実地指導で確認されるポイントは、苦情の有無ではなく、再発防止に向けた対応が取れているかどうかです。苦情やクレーム、介護事故（ヒヤリハット報告書等）で状況を把握し、その原因の分析と分析結果に対する防止策、対応策の立案ができているかが確認されます。

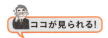

☑ 事故等の報告は迅速に行う

　また、多くの保険者では、介護事故については、保険者に届け出ることになっており、専用の様式も定められている場合が多くあります。提出の基準としては、診察が必要なけがや容体の変化としている場合が多く、医療機関にかかることを目安に基準を設定している保険者が多くなっています。

　保険者で指定している事故報告書の様式は、詳細な記載欄が多く、記入に時間を要する場合が多いと思われます。そのため、すぐに記載できないことから、保険者への提出が、事故発生から1週間後や2週間後という事例もありますが、それでは遅すぎます。

 ココが見られる！

☑ 事故報告はまず電話で伝え、その後、報告書を作成

　事故の報告は、報告書が完成してからである必要はありません。まずは電話で事実を伝えることが最優先になります。この時点で事故報告書の第一報を至急提出することを伝え、原因や再発防止策の検討を含めた内容は、事後となる旨の予定を伝えておくのがよいでしょう。もし、けがをされたご家族が、事故の翌日に保険者に電話をして相談しても、事業所から報告が入っていれば、保険者の担当者もすでに事業所から報告のあった案件として扱いますが、本人・家族側からの相談が先になってしまうと、事業所は事故の事実を隠そうとしているのではないかと受け取られかねません。よくない情報ほど、迅速に開示することが求められます。

　最近では、保険者の事故報告書の様式も、第一報の記載項目、第二報以降の記載項目と分けて示しているものが多く見受けられます。それだけ、第一報を早く確認すべきという現れであると考えるべきでしょう。

事故報告書（例）

平成　年　月　日

事業所の概要	法人名	第一報では、把握できる事実を迅速に報告する。			
	事業所（施設）名		事業所番号		
	所在地		電話番号 ファクス番号		
	記載者氏名				
	報告区分	□第一報（事故報告書の初回提出）　□最終報告（第一報提出日：平成　年　月　日）			
	サービス種類（事故が発生したサービス）	□介護サービス　　□介護予防サービス　　□介護予防・日常生活支援総合事業 □居宅介護支援　　　　　□訪問介護、第1号訪問事業　　□看護小規模多機能型居宅介護　□訪問看護 □訪問リハビリ　　　　　□居宅療養管理指導　　　　　□訪問入浴介護　　　　　　　□通所リハビリ □短期入所生活介護　　　□短期入所療養介護　　　　　□通所介護、第1号通所事業　□福祉用具貸与 □特定福祉用具販売　　　□介護老人福祉施設　　　　　□特定施設入居者生活介護　　□介護療養型医療施設 □介護予防支援　　　　　□介護予防支援　　　　　　　□介護老人保健施設　　　　　□地域密着型通所介護、 □認知症対応型通所介護　□定期巡回・随時対応型　　　□夜間対応型訪問介護　　　　第1号通所事業 □地域密着型介護老人福　訪問介護看護　　　　　　　□認知症対応型共同生活介護　□地域密着型特定施設 　祉施設入所者生活介護　□小規模多機能型居宅介護　□その他　　　　　　　　　　入所者生活介護			
対象者	氏名・年齢・性別		年齢：　　性別：　　　　要介護度		
	被保険者証　番号		サービス提供開始日　平成　年　月　日		
	被保険者証　住所				
	被保険者証　保険者名				
事故の概要	発生日時	平成　年　月　日（　）　午前・午後　時　分　（発生・発見）			
	発生場所				
	事故の種別（複数の場合は、もっとも症状の重いもの）	□骨折　　　　　　□やけど　　　　　□感染症・結核 □打撲・捻挫・脱臼　□その他の外傷　　□職員の法令違反、不祥事 □切傷・擦過傷　　□食中毒　　　　　□医療的ケア関連（カテーテル抜去等） □異食・誤えん　　□誤薬　　　　　　□その他（　　　　　　　　　　　） 死亡に至った場合はその死亡年月日（平成　年　月　日）			
	事故の内容	（事故の発生・発見時の状況、利用者の状態等）			
事故発生時の対応	対処の仕方				
	治療した医療機関	（医療機関名、住所、電話番号等）			
	治療の概要				
	連絡済の関係機関（利用者家族等も含む）				
事故発生後の状況	利用者の状況	（病状、入院の有無、その他の利用者の状況及び、家族への報告、説明の内容）			
	損害賠償等の状況				
事故の原因分析及び再発防止に向けての今後の取組み		（できるだけ具体的に記載すること）　「事故発生後の状況」、「事故の原因分析および再発防止に向けての今後の取組み」等は、第二報目以降で提出する			

54

第 3 章
サービス別
実地指導対策のポイント

CONTENTS

1 訪問介護

2 訪問看護

3 通所介護・地域密着型通所介護

4 通所リハビリテーション

5 訪問リハビリテーション

6 福祉用具貸与

7 居宅介護支援

8 介護老人福祉施設（特養）

1 訪問介護

自立支援・重度化防止に関する加算が見直されました。
新たな加算や基準等に対して実地指導時のポイントになると想定される点について確認してみましょう。

第 **3** 章　訪問介護

実地指導対策 マルわかり掲示板

①新設の生活機能向上連携加算（Ⅰ）、（Ⅱ）
- ☑ 要件が緩和された（Ⅰ）でも、利用者の状態把握のプロセスは必要
- ☑（Ⅰ）:ADL等の把握を行った手段と助言内容の記録が必要
- ☑（Ⅱ）:別々での訪問の際は共同カンファレンス実施の記録が必要

②自立支援のための見守り的援助の明確化
- ☑「身体介護」と「生活援助」の差をしっかり区別して明記する
- ☑「身体介護」に新たに加わった部分について、認識の統一を

③集合住宅居住者減算の見直し
- ☑ 毎月の利用者が50名以上かどうか確認
- ☑ 明細書上の減算のチェックポイントを再確認

④限度額管理対象外単位数の見直し
- ☑ 減算分のマイナス単位数の記載を確認

⑤サービス提供責任者の任用要件見直し等
- ☑ ケアマネへの情報提供の内容は詳細に記録しておくことが望まれる

⑥ケアマネに対する不当な働きかけの禁止
- ☑ 適切なアセスメントによる計画書とケアプランとの整合性を示す

2018年　改正ポイント①

●新設の生活機能向上連携加算（Ⅰ）、（Ⅱ）

理学療法士等が利用者宅を訪問しない場合（Ⅰ）が新規に追加されることになりました。従来の要件であった理学療法士等が利用者宅を訪問する生活機能向上加算は、（Ⅱ）となりました。

生活機能向上連携加算の改正内容

	改正前	改正後
単位数	100 単位／月	（Ⅰ）100 単位／月【新設】 （Ⅱ）200 単位／月
連携先	指定訪問 リハビリテーション事業所 指定通所 リハビリテーション事業所	改正前 ＋ リハビリテーションを実施 している医療提供施設
要件 （理学療法士等の 利用者宅訪問）	あり	（Ⅰ）なし ・サービス提供現場におけるADL等把握 ・動画やTV電話によるADL等把握 （Ⅱ）あり
算定月	1月　2月　3月　4月※ ○　　×　　×　（○）	1月　2月　3月　4月※ （Ⅰ）○　　×　　×　（○） （Ⅱ）○　　○　　○　（○）
その他	－	（Ⅰ）（Ⅱ）同時算定不可

※理学療法士等の助言に基づき訪問介護計画を見直した場合

ココが見られる！ 実地指導対策ポイント

☑ 要件が緩和された（Ⅰ）でも、利用者の状態把握のプロセスは必要
☑ （Ⅰ）：ADL等の把握を行った手段と助言内容の記録が必要
☑ （Ⅱ）：別々での訪問の際は共同カンファレンス実施の記録が必要

　新設の（Ⅰ）は、理学療法士等の利用者宅への訪問がなくなりましたが、利用者の状態把握の要件が緩和された形であり、そのプロセスは省略できません。理学療法士等が利用者の状態を把握する手段として、「サービス提供現場におけるADL等把握」、「動画やTV電話によるADL等把握」が例示されています。

　加算の要件で押さえるポイントとして（Ⅰ）については、理学療法士等が利用者のADL等把握を行った手段とそれによる助言内容についての記録（情報提供の日時、事業所名や担当の理学療法士名等含む）が想定されます。

　また、（Ⅱ）については、利用者宅への訪問が同行ではなく、別々の機会の訪問となった場合には、共同カンファレンスの実施が求められるため、その記録が必要になります。

　（Ⅰ）の算定月は、訪問介護計画書の初回月のみで、以降は算定できないため、3か月間毎月算定できる（Ⅱ）との扱いの違いに注意が必要です。毎月定期的に算定するものではない加算は、請求漏れや逆に過剰請求が発生する可能性が高くなります。算定月のサービス提供にマーカーで印を付ける、付箋で該当月を明示するなどの工夫で、ミスを防ぐようにしましょう。また、介護保険請求ソフトの機能で対応できるかも確認しておきましょう（加算（Ⅰ）を連続して算定する場合に、アラーム表示があるか等）。

2018年　改正ポイント②

●自立支援のための見守り的援助の明確化

訪問介護の身体介護・生活援助の内容を定義している「訪問介護におけるサービス行為ごとの区分等について」

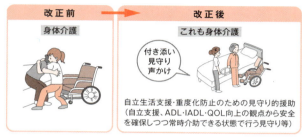

」（いわゆる老計10号）が改正され、安全を確保しつつ常時介助できる状態で行う見守り等が"身体介護"として定義されました。

👉ココが見られる！　実地指導対策ポイント

- ☑「身体介護」と「生活援助」をしっかり区別して明記する
- ☑「身体介護」に新たに加わった部分について、認識の統一を図る

　この新しい「身体介護」をケアプラン、訪問介護計画書へ記載するときは、「生活援助」と混同しないように、明記することに留意しましょう。

　事務所内でも全職員が同じ認識となるように、勉強会等を開催することも有効です。訪問介護計画書やヘルパー指示書の表現の解釈が職員によって異なる可能性もあるためです。

　事業所によっては、サービス提供時の記録にチェックボックスをマークするだけの報告書を使用している場合もありますが、その場合は「身体介護」の内容に、「自立支援のための見守り的援助」が含まれていることが望ましいでしょう。

第 3 章 訪問介護

2018年 改正ポイント③

●集合住宅居住者減算の見直し

　従来の集合住宅居住者減算で建物の要件となっていた、有料老人ホーム等以外の建物も対象となりました。これにより、減算対象となるケースが増えることが見込まれます。また、事業所と同一敷地内または、隣接敷地内の建物の利用者が1か月に50名以上の場合は、減算割合が従来の10%から15%に増加しました。

　また、今回の改正ではこの減算分の単位数が区分支給限度基準額の対象から外れることになったため、減算前の単位数が区分支給限度基準額になります。

集合住宅居住者減算の改定内容

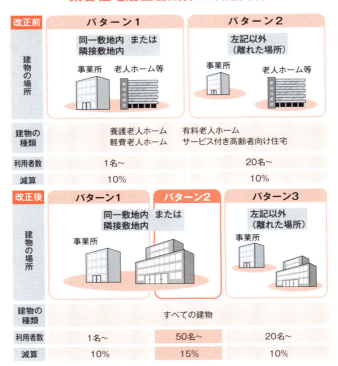

👆ココが見られる！ 実地指導対策のポイント

☑ **毎月の利用者が50名以上かどうか確認**
☑ **明細書上の減算のチェックポイントを再確認**

　ポイントは、今回追加された同一敷地内または隣接敷地内における利用者50名以上の場合です。

　従来は、同一居住地に1人以上であればすべて10％の減算でしたが、今回の改正で50名以上15％減算が新設されたので、ある月から10％減算が15％減算になる場合、またはその逆が生じることになります。よって、該当しそうな規模の建物居住者へのサービス提供を行っている場合には、毎月50名未満か以上かのチェックが欠かせません。

　また、対象がすべての建物になったため、事業所と離れた場所にある公営団地等の物件が対象になる可能性もあります。同じ建物の利用者数の確認と、20名前後の場合は、上記同様物件毎の毎月のチェックが望まれます。

　一方、介護報酬請求上、従来は訪問内容と減算内容がセット（合算）されたサービスコードにより請求を行っていましたが、改正後は、訪問内容のサービスコードは、減算のない通常サービスと同じで、減算分だけを別の減算用サービスコードで算出する手順に変更されました。

　介護給付費明細書上の減算の確認ポイントも変わることになるため、減算のチェック方法も従来どおりでよいかを確認する必要があります。

第3章 訪問介護

2018年 改正ポイント④
●限度額管理対象外単位数の見直し

　従来の限度額管理対象外単位数の加算は、「加算分だけ、サービス利用が少なくなるため」という理由でしたが、今回の設定は、「減算分だけ、サービスを多く利用できてしまうため」という理由で、初めて"マイナス"限度額管理対象外単位数の設定となりました。

限度額管理対象外単位数の変更点（集合住宅居住者減算）

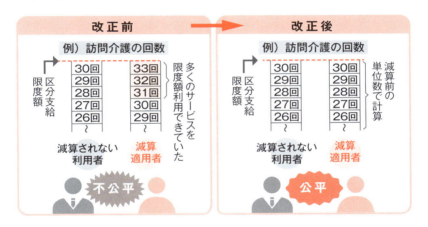

👆ココが見られる！ 実地指導対策ポイント

☑ 減算分のマイナス単位数の記載を確認

　限度額管理対象外単位数は、多くの介護保険請求ソフトでは予め設定されています。ただし、該当する利用者については、一度、介護給付費明細書の「限度額管理対象外単位数」欄に減算分のマイナス単位数が記載されているかを確認しておくことが望まれます。誤って、減算単位数を区分支給限度基準額に含めて算定していた場合は、正しい限度額管理対象外単位数で再計算した結果、

63

10割負担分が発生する可能性もあります。

2018年　改正ポイント⑤

●サービス提供責任者の任用要件見直し等

　サービス提供責任者の資格要件から介護初任者研修修了者、旧ヘルパー2級課程修了者が除かれることになりました。従来は、介護報酬を減算のうえ算定が可能でしたが、2018年度は現に従事している者に限定され、2019年度には算定できなくなります。

サービス提供責任者の要件の見直し

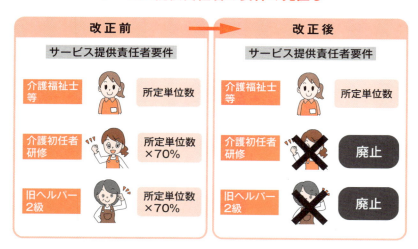

第3章 訪問介護

ココが見られる！ 実地指導対策ポイント

☑ ケアマネへの情報提供の内容は詳細に記録しておくことが望まれる

　サービス提供責任者の資格証明書類の保管ももちろんですが、2018年度については、「現に従事している者に限定」（2018年3月31日時点で従事している者）されているため、2018年4月1日以降、新たに採用した職員の資格が介護初任者研修修了者等」であれば、介護報酬の減算以前に、サービス提供責任者になれないことになります。また、サービス提供責任者の業務上の責務として「ケアマネジャーに対する、利用者の情報提供」が明確化されました。情報内容として、服薬状況、口腔状態、心身状態、生活状態等が例示されています。頻度等は明記されていませんが、今後の実地指導では、報告内容を確認される可能性が高くなるため、例示された項目に対して、情報提供日、提供内容、提供先を記録しておくことが望まれます。

ケアマネに対する利用者情報の提供

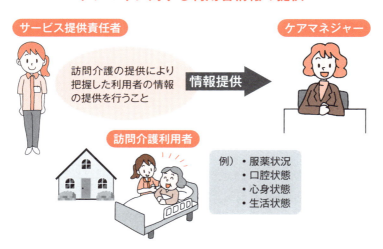

2018年　改正ポイント⑥

●ケアマネに対する不当な働きかけの禁止

　訪問介護事業所として、居宅介護支援事業に対し、必要のないサービスを位置づけること等の不当な働きかけを行ってはならないとする基準も明記されました。

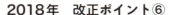

不当な働きかけの禁止

👉ココが見られる！　実地指導対策ポイント

☑ 適切なアセスメントによる計画書とケアプランとの整合性を示す

　サービスが不適切でないことを根拠をもって説明するためには、「利用者に対する訪問介護計画の説明および同意の確認」と「訪問介護計画書の根拠となるアセスメントと計画書の元となる居宅サービス計画書との整合性を示すこと」が必要です。居宅サービス計画に沿った内容であり、アセスメントを反映した訪問介護計画書であれば「根拠のある働きかけ」と言えるでしょう。

●共生型訪問介護

　今回の制度改正では、「地域共生社会の実現」のため、共生型訪問介護が創設されました。具体的には、高齢者だけでなく、障害者も含めたサービス提供体制を構築してくことが求められており、その手段として、65歳以上になった障害者も従来から利用しなれた障害福祉制度の事業所でサービス提供を受けることが可能になりました。

　この場合、障害福祉サービスを提供していた居宅介護、重度訪問介護事業所が、介護報酬を算定することが可能になります。ただし、障害福祉制度の人員基準では、指定訪問介護事業所の報酬より、減算しての算定となります。

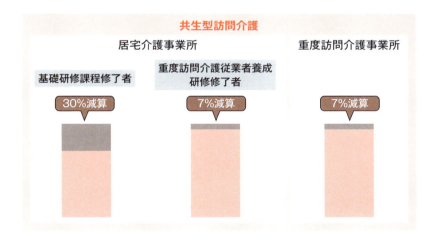

実地指導で指摘の多かったポイント

実際の実地指導において指摘の多かった内容について、指摘内容とその対策を見ていきましょう。

※指摘実績は、平成28年度指導検査報告書〔平成29年9月東京都福祉保健局指導監査部〕による
※指摘率は、実地指導対象事業所数に対する、文書指摘のあった事業所の件数
　（実地指導の結果、文書指摘と口頭指導があります。文書指摘は、運営基準、算定基準や解釈通知の定めに沿わないものとして、改善報告書を提出することが求められます。一方、口頭指導は、軽微な内容として改善報告書の提出は指示されませんが、改善するのが望ましいとされるものになります。

指摘ポイント❶　指摘率 39.7 %

訪問介護計画書が作成されていない

　訪問介護で指摘率が最も高かったのが、「居宅サービス計画の内容に沿って訪問介護計画書を作成すること」という指摘です。

　また、要介護認定更新時に要介護度および居宅サービス計画に内容変更がなかったので、訪問介護計画書を新たに作成しなかった場合も文書指摘の対象になります。現場のヘルパーの作業は、何ら変わることはないかも知れませんが、訪問介護計画書の根拠となる居宅サービス計画が要介護認定更新等により新しくなった場合には、それに連動して作成する必要があります。

ケアプランの更新毎に訪問介護計画書を更新作成する

約4割という高い指摘率ですが、ほとんどの事業所の管理者、サービス提供責任者は、訪問介護計画書の作成が義務であるという認識はもっておられると思います。それでも作成できない原因として「忙しくて手が回らなかった」という意見をよく聞きます。そして、このような事業所では、どの利用者のいつからの計画書がまだ作成できていないのかということが把握できないことが多いものと思われます。

　そこで、訪問介護計画書の作成の予定時期を記載したスケジュール表を作成し、サービス提供責任者自ら、できれば管理者が実施するのがより効果的です。

　また、計画内容については、「居宅サービス計画に沿った」内容になっていることが求められますが、指摘内容の詳細として「居宅サービスをそのまま記載している事例」も挙げられています。「沿う」＝「同じ」ではありません。居宅サービス計画というトータルな計画に位置づけられた個別サービスとして作成された計画書が必要となります。

指摘ポイント①
まず、「訪問介護計画書」を作成するための「計画」となるスケジュールを立案しましょう。

指摘ポイント❷　指摘率 25.9 %

秘密保持のために必要な措置が講じられていない

　秘密保持または守秘義務は訪問介護だけでなく、介護サービス全体にかかわることです。秘密保持が必要であることを知りませんでした、という介護職員はいないと思います。ここでの指摘は、秘密保持ができているかどうかではなく、「秘密保持のために必要な措置」を講じているかという手続き面の問題が指摘されています。

　具体的には、職員に対して秘密保持の誓約書を取り交わしていない、雇用契約書に秘密保持に関する記載がない、という指摘です。また、利用者との契約において個人情報使用同意書等を取り交わしていないというものです。

　個人情報使用同意書については、利用者本人だけでなく、利用者家族も含めた内容にすることが求められます。

> **実地指導対策 ワンポイントアドバイス**
>
> **指摘ポイント②**
> 入職時に必要な書類はチェックリスト化し、漏れがあっても翌日には回収する運用を。

第 3 章 訪問介護

指摘ポイント❸　指摘率 19 %
モニタリングをしていない

　訪問介護員が利用者宅において提供したサービスについて、サービス提供責任者が、実施情報のモニタリングを行っていないという指摘です。サービス提供責任者は、自分自身がサービス提供を行っていなくても、訪問介護員のサービス提供記録や利用者や家族への電話または自宅訪問等により、訪問介護計画の実施状況を把握し、必要に応じて訪問介護計画の変更を行うことが求められます。

　また、把握された内容や訪問介護計画の変更については、ケアマネジャーに報告します。

※月1回のサービス提供情報の報告およびサービス提供期間中の計画内容に対するモニタリングは、介護予防訪問介護では、運営基準上の定めがありましたが、訪問介護では、頻度の定めがありません。

実地指導対策
ワンポイントアドバイス

指摘ポイント③
週毎にモニタリング対象利用者を決めて少しずつ実施し、溜め込まないような工夫を。

指摘ポイント④　指摘率 **13.8** %
適切な勤務体制を確保できていない

　この項目は、人員基準に関連し、サービス提供責任者数や職員の雇用形態（常勤・非常勤）が雇用契約と合っているか等の内容も含まれます。

　勤務体制は、訪問介護だけでなくすべての介護サービス共通で該当する重要な管理ポイントになります。

　訪問介護では、訪問介護員が直行直帰するいわゆる「登録ヘルパー」の勤務実績の管理に手間取ることが想定されます。ヘルパーの予定変更等があった場合に、都度サービス提供記録と勤務実績を照合する手順がないと、正確な情報に訂正、入力されないままで月次の集計を行ったりするなど時間の経過とともにミスを誘発しやすくなります。サービス提供と勤務実績の確認は当日中を"消費期限"として取り組みましょう。

勤務表の管理が重要

指摘ポイント④
勤務実績は、賃金、保険請求、人員基準にも影響する重大要素。全員が同じ認識を。

指摘ポイント❺　指摘率 **6.9** %

訪問介護計画の同意がない

　指摘内容は、「訪問介護計画の作成に当たって、その内容について利用者またはその家族に対して説明し、利用者の同意を得なければならないが、事前に同意を得ていない」というものです。この同意は、多くの事業所の計画書では、所定の欄に「計画書の説明を受け、内容に同意し、交付を受けました」との記載があり、日付、署名欄に記入、捺印することで対応しています。

　実際に計画書を作成しているのに、この署名欄に記載がない場合は、サービス開始時には作成ができておらず、後日に作成したため、署名の時期が間に合わなかったこともあると考えられます。これに対しても、指摘ポイント①の「訪問介護計画書が作成されていない」と同様な対策が有効です。

指摘ポイント⑤
利用者や家族がいることが前提となる、訪問介護計画作成のスケジュールは、計画書の「説明日」から先に決める。

2 訪問看護

地域包括ケアシステムのさらなる深化・推進に向けて医療・介護の連携強化にかかわる改正となりました。
特に重度要介護者に関する改正が中心になっており、看護体制強化加算、緊急時訪問看護加算では、介護報酬単位数がアップしました。

第 **3** 章 訪問看護

実地指導対策 マルわかり掲示板

①新設の看護体制強化加算（Ⅰ）、（Ⅱ）
- ☑ 算定割合の要件が拡大されたことに伴い、管理記録の期間が長くなるので注意
- ☑ 算定要件となる各加算には利用者または家族の同意が必要

②複数名訪問は看護補助者もOK
- ☑ 看護補助者の雇用と、雇用契約書も必要

③緊急時訪問看護加算の見直し
- ☑ 緊急時訪問回数を訪問看護記録（Ⅱ）等への記載が望まれる

④理学療法士等による訪問の見直し
- ☑ 訪問看護計画書等には、作成者の職種と氏名を記載する
- ☑ 訪問記録には利用者の心身状態の評価結果を含めることが求められる

2018年　改正ポイント①

●新設の看護体制強化加算（Ⅰ）、（Ⅱ）

　従来からあった、看護体制強化加算（300単位）の重度化対象要件となる看護体制強化加算（Ⅰ）が新設となり、従来の加算は、（Ⅱ）となりました。（Ⅰ）、（Ⅱ）とも、「緊急時訪問看護加算の算定者割合50％以上」および「特別管理加算の算定者割合30％以上」の実績期間が従来の3か月から6か月に延長されました。

看護体制強化加算の改正内容

	改正前	改正後	
	看護体制強化加算	（Ⅰ）	（Ⅱ）
単位数	300単位／月	600単位／月	300単位／月
・緊急時訪問看護加算割合50％以上 ・特別管理加算割合30％以上	実績3か月	実績6か月	
ターミナルケア加算算定者（1年間）	1名以上	5名以上	1名以上

第 3 章　訪問看護

👉ココが見られる！　実地指導対策ポイント

☑ 算定割合の要件が拡大されたことに伴い、管理記録の期間が長くなるので注意

　改正前においても、実績の集計、管理の項目が多い加算でしたが、今回の改正で、これまで3か月間とされていた、緊急時訪問看護加算と特別管理加算件数の算定期間が6か月間となり、管理記録の期間が長くなるため注意が必要です。

　要件となる、緊急時訪問看護加算、特別管理加算の取得割合は、加算件数と母数となる全利用者数が毎月変わる可能性があるため、保険請求の実績に合わせて集計することが必要になります（介護保険請求ソフトを利用していれば、ソフト集計するのが正確ですのでサポート等に操作方法を確認しましょう）。

　また、この加算は、緊急時訪問看護加算、特別管理加算、ターミナルケア加算の3つの加算の算定実績に基づく加算であるため、3つのうち、一つでも算定要件を満たさないようであれば、元の加算は算定できないのはもちろんのこと、看護体制強化加算も算定できないことになります。

実績が6か月に延長

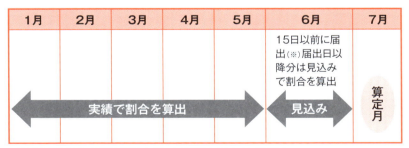

※6月分を見込みとして届出を提出した後に、加算が算定されなくなる状況が
　生じた場合には、速やかにその旨を届出すること。

77

ココが見られる！ 実地指導対策ポイント

☑ **算定要件となる各加算には利用者または家族の同意が必要**

　緊急時訪問看護加算とターミナルケア加算、看護職員体制強化加算については、利用者またはその家族に対する説明と同意を得ていることの記録が必要になります。

　また、特別管理加算では、対象となる利用者として「厚生労働大臣が定める状態にあるものに限る」とされています。ただし、利用者の状態だけでなく、訪問看護の実施において「特別管理」となる「計画的な管理」を行った場合とされていますので、単に「留置カテーテルを使用している」が訪問看護では管理していない場合や、理学療法士等による訪問が主体で「計画的な管理」が行われていない場合には、特別管理加算は算定できません。

2018年　改正ポイント②

●複数名訪問は看護補助者もOK

　従来、訪問看護における2人訪問では、2人とも看護師である必要がありました。今回の改正では、看護師と看護補助者の訪問も可となりました。看護補助者の資格要件はなく、雇用されている職員であれば、事務員でも可能となっています。

👆ココが見られる！　実地指導対策ポイント

☑ **看護補助者が事業所に雇用されていることと、雇用契約書も必要**

　複数名訪問看護で看護補助者でも算定が可能となりましたが、雇用されている職員である必要があります。資格等の要件はありませんが、実地指導時には雇用されていることを示すにあたって、雇用契約書を提示することが必要になります。また、資格はもたないので人員基準の要件にも含まれませんが、出勤の事実を確認するために、出勤簿や勤務体制表（シフト表）にも看護補助者の記録が必要になります。

2018年　改正ポイント③

●緊急時訪問看護加算の見直し

　緊急時訪問看護加算は、単位数増となったほか、都度の緊急時訪問に対する実績部分について、従来は、早朝・夜間・深夜の訪問でも時間帯の加算分は、算定できませんでした。この実績部分について時間帯の加算（早朝・夜間→1.25倍、深夜→1.5倍）の算定が可能になりました。

**緊急時訪問看護加算の改定内容
（訪問看護ステーションの場合）**

	改正前	改正後
単位数	540単位／月	574単位／月
・緊急時訪問看護の単位数（1回目）	814単位	816単位
・緊急時訪問看護の単位数（2回目以降）※	814単位　約1.5倍	1,224単位

※深夜に30分以上1時間未満の訪問看護を行った場合。

👆ココが見られる！　対策ポイント

☑ 緊急時訪問の回数を訪問看護記録（Ⅱ）等への記載が望まれる

　緊急時訪問に対する実績部分に対し、時間帯の加算を算定できるようになりました。ただし、1か月以内2回目以降の訪問看護になりますので、その月の何回目の緊急時訪問なのかが把握できるように訪問看護記録（Ⅱ）等にも記載することが望まれます。
　また、従来は、緊急時の訪問に際し、時間帯の加算がなかったので、利用者や家族に対する説明も必要になります。

2018年　改正ポイント④
●理学療法士等による訪問の見直し

　訪問看護の基本単位数は、増額となりましたが、理学療法士等の訪問は、減額となりました。また、該当する利用者に対しては、下記の対応が必要となります。

- 訪問看護計画書、訪問看護報告書を看護職員と連携して作成する
- 看護職員による定期的な訪問を行う（初回およびおおむね3か月に1回）

理学療法士等の利用者への対応

（※おおむね3か月に1回）

👉ココが見られる！ 実地指導対策ポイント

☑ **訪問看護計画書等には、作成者の職種と氏名を記載する**
☑ **訪問記録には利用者の心身状態の評価結果を含めることが求められる**

　理学療法士等による訪問の見直しにより要件が増えたので、そこが要注意ポイントとなります。

①訪問看護計画書、訪問看護報告書を看護職員と連携して作成する

　この点については、厚生労働省から示された新しい様式を用いることで対応できます。作成者の記入欄が2名分あり、職種も選択式で記載できるため、理学療法士等が訪問する利用者の場合、作成者のうち1名を看護師（もしくは保健師）、もう1名を理学療法士等と記載します。また、訪問看護計画書、報告書の作成に専用ソフトを利用している場合は、新しい様式に対応しているか確認しましょう。まだ、専用ソフトが対応していない場合は、手書きでも構わないので作成者2名分の職種、氏名を追記しましょう。

②看護職員による定期的な訪問を行う（初回およびおおむね3か月に1回）

　看護職員訪問の目的は、利用者の心身の状態の評価です。よって、訪問の記録の内容にも、心身状態の評価結果を含めることが求められます。なお、ケアプラン上に定めている訪問看護としてサービス提供と併せて行っても、心身の状態の評価を行う目的で訪問しても構いません。

　また、2018年4月以前より、利用している理学療法士等が訪問する利用者に対しては、速やかに看護職員の訪問により、利用者の心身の状態の評価を行うこととされていますので、既存の利用者については、3か月より短い期間で看護職員による訪問を行うことが望まれます。

実地指導で指摘の多かったポイント

指摘ポイント❶ 指摘率 61.3 %

介護報酬の算定等について誤りがある

①初回加算について、新規に訪問看護計画書を作成していない。
  ⇒訪問看護計画書の作成が必須。
②退院時共同指導加算について、退院時共同指導の内容を記載した文書を提出していない、または、文書を退院後に提出している。
  ⇒文書で指導内容を提供してもらうことが要件になります。また、退院に対する指導なので退院前に文書の提供を受ける必要があるため、日付の確認を行ってください。

指摘ポイント①
加算の要件は、チェックリストで月末までに確認し、不備をリカバリーできる手順としましょう。

指摘ポイント❷ 指摘率 29.3 %

秘密保持のため必要な措置が講じられていない

利用者とその家族に対する個人情報の取扱いと従業員の守秘義務についての取組みになります。具体的な内容は訪問介護に同じです。

指摘ポイント②
契約に関する書類は、あらかじめセッティングし、マニュアルに則り正確に進めましょう！

指摘ポイント❸　指摘率 24.0 %
訪問看護計画書・報告書が適正に作成されていない

　訪問看護の場合、訪問看護計画の作成・利用者への説明ともに、看護師が行う必要があります。この作成・説明・交付の業務を准看護師が行っている事例が見受けられます。

指摘ポイント③
管理者による作成担当者の確認と、職員への周知も併せて進めましょう。

指摘ポイント❹　指摘率 10.7 %
主治医からの指示を文書で受けていない

　主治医からの指示書がないままに訪問看護を行っているという指摘が、1割以上もあります。指示書はあったが、サービス提供開始後に作成されたケースも指摘対象になっていました。また、指示書の有効期限が切れたままの状態で、訪問看護が継続されている場合も指摘されています。有効期間の管理と期限になる前の指示書の手配が必要になります（右頁図参照）。

　また、訪問看護事業所側として、しかるべき管理をしていることを示すために、医師に作成を依頼したり、催促した日付と相手先は記録しておきましょう。

指示書の有効期間

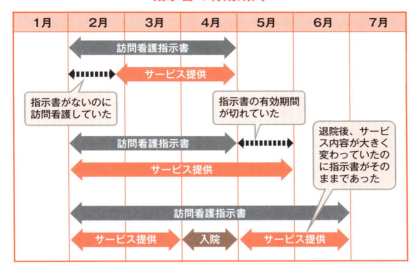

> **実地指導対策 ワンポイントアドバイス**
>
> 指摘ポイント④
> 特に催促が必要な医療機関等、先方の状況に応じた手配のサイクルや手順を確立しましょう。

3 通所介護・地域密着型通所介護

理学療法士等と連携して機能訓練を行う生活機能向上連携加算やアウトカム評価となるADL維持等加算が新たに設定されました。さらに、ADL維持向上等を効果的に進めるための栄養状態の改善に向けた栄養スクリーニング加算も設定されました。

第 **3** 章　通所介護・地域密着型通所介護

実地指導対策　マルわかり掲示板

①基本単位数は、時間区分が2分割
☑ 実施記録は実際にサービスに要した時間。請求は通所介護計画の時間による

②生活機能向上連携加算
☑ 理学療法士等の通所介護への訪問日に合わせて、「共同」作業となる個別機能訓練計画作成やその評価の段取りを組む

③ADL維持等加算（Ⅰ）、（Ⅱ）
☑ ＢＩ評価の根拠となるアセスメント記録等も関連づけて保管する

④機能訓練指導員にはり師、きゅう師を追加
☑ 資格者証だけでなく、実務経験を証明する資料もあわせて保管すること

⑤栄養改善加算
☑ 外部の管理栄養士の配置に対しては、契約書等で配置の状況を説明できるようにする

⑥栄養スクリーニング加算
☑ ケアマネジャーとの情報共有までが、算定要件。報告に関する記録が求められる

⑦運営推進会議の開催方法の緩和（地域密着型通所介護）
☑ 回数の確保だけでなく、参加者を確保できるような日程や依頼の仕方も重要

2018年　改正ポイント①

●基本単位数は、時間区分が2分割

　改正前は、通所介護の介護報酬は、たとえば「3時間～5時間」という2時間のように、2時間の枠がありました。今回の改正では、「3時間～4時間」および「4時間～5時間」というように一つの時間枠を1時間ごとに2分割して設定しています。

　ただし、単位数自体は、長いほうの時間（改正前3～5時間であれば、改正後4～5時間）にほぼ同じ単位数で引き継がれています。しかし、多くの通所介護事業所では、改正前に2時間枠の最初の30分あたりまでをサービス提供時間としているところが多く、同じ単位数を確保するためには、1時間以上サービス提供時間を長く設定する必要があり、職員への賃金だけが増えてしまい事実上の減収要因になります。

時間区分の変更

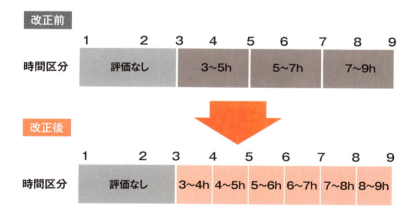

ココが見られる！ 実地指導対策ポイント

☑ 実施記録は実際にサービスに要した時間。請求は通所介護計画の時間による

　介護報酬算定におけるサービス提供時間は、訪問介護と同じとらえ方で、実際にサービス提供に要した時間ではなく、通所介護計画上の時間となっています。朝の送迎で、「10時までに事業所で利用者を降ろさないと、介護報酬が安くなるから急がないと！」という運転手の方もいますが、急ぐ必要はありません（むしろ、急いで交通事故の可能性が高くなるほうが危険です）。よって、利用者が早退して、サービス提供時間が通所介護計画書より短くなったとしても（たとえば、5～6時間の予定が、4時間で終わるなど）、5時間分の介護報酬となります。

　ただし、終日利用の予定が体調不良で半日で帰宅した場合など、サービス提供時間が著しく短くなってしまった場合は、通所介護計画書を変更のうえ、変更後の単位数も変更することとされています。

　一方、サービス提供の実績記録については、実際のサービス提供時間を記入（入力）します。通所介護計画上のサービス提供時間が、10時～16時であったとしても、実際のサービス提供時間が、10時7分～15時55分という場合もあります。

2018年　改正ポイント②

●生活機能向上連携加算

　訪問介護でも設定されている生活機能向上連携加算と同様に、訪問・通所リハビリテーション事業所またはリハビリテーションを実施している医療提供施設の理学療法士等が通所介護事業所を訪問し、通所介護事業所の職員と共同で、アセスメントを行い、個別機能訓練計画を作成します。作成した個別機能訓練計画に対し、進捗状況を3か月ごとに評価し、必要に応じて計画・訓練内容等の見直しを行います。

生活機能向上連携加算の概要

	新設
単位数	200 単位／月（※）　※個別機能訓練加算を算定している場合 100 単位／月
連携先	・指定訪問リハビリテーション事業所 ・指定通所リハビリテーション事業所 ・リハビリテーションを実施している医療提供施設

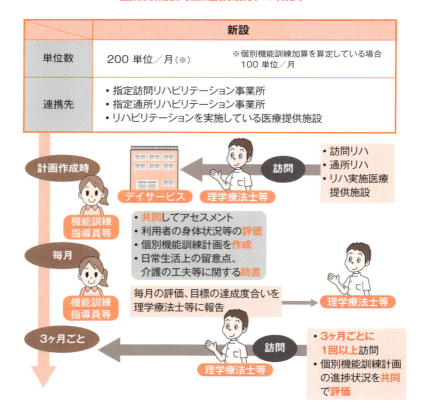

ココが見られる！ 実地指導対策ポイント

☑ 理学療法士等の通所介護への訪問日に合わせて、「共同」作業となる個別機能訓練計画作成やその評価の段取りを組む

本加算の算定において必要なものは下記のとおりです。

・アセスメント
・身体の状況等の評価
・個別機能訓練計画

通所介護事業所に訪問し、機能訓練指導員等に助言する理学療法士等については、訪問日時、所属する事業所（医療機関）、氏名、職種の記録と助言内容として、利用者の日常生活上の留意点、介護の工夫等に関する内容の記録が必要になります。

個別機能訓練計画の進捗状況等に対しては、3か月ごとに1回以上、理学療法士等が通所介護事業所を訪問し、機能訓練指導員等と共同で評価したうえで機能訓練指導員等が利用者または家族に個別機能訓練計画の内容や評価、進捗状況等を説明、記録し必要に応じて訓練内容等の見直しを行います。

個別機能訓練計画の作成や評価については、理学療法士等と「共同」となっているので、これらの記録に理学療法士等の氏名の記載があれば、「共同」であることがわかりやすくなります。

また、評価の時期も3か月ごとになっているので、実質上通所介護事業所への理学療法士等の訪問は、月に数回程度であることが想定されます。月ごとに評価対象となる利用者をリストアップしておき、理学療法士等の訪問日程調整と評価等の共同作業時に利用者の漏れがないような管理が必要になります。

2018年　改正ポイント③

●ADL維持等加算（Ⅰ）、（Ⅱ）

　今回の法改正の柱の一つでもある自立支援・重度化防止を推進するアウトカム評価の加算になります。前年１年分の利用者のADL向上結果を評価し、次の年の全利用者に対し加算を設定するものです。

　従来の一般的な加算の仕組みは、専門職等をサービス提供時間を通じて配置する形式のもの（ストラクチャー評価）や、計画書の作成やモニタリング、評価を実施する形式のもの（プロセス評価）が主体でしたが、このADL維持等加算では、専門職等の配置や実施すべき計画やプログラムや手順がなく、ADLの向上の評価結果だけで算定するまさに「アウトカム評価」になっています。

　今年度の算定にあたっては、2017年1月から12月の結果で評価することになっています。この結果で算定できるのは、2018年4月から2019年3月の1年間です。

　主な手順は右図のとおりです。

　加算には2つの単位数が設定されており、評価期間中のADL値を報告する（Ⅰ）、評価期間終了後もADL値を測定、報告する場合は、（Ⅱ）になります。

ADL維持等加算	
Ⅰ	（新）3単位／月
Ⅱ	（新）6単位／月

第3章 通所介護・地域密着型通所介護

ADL維持等加算の算定の流れ

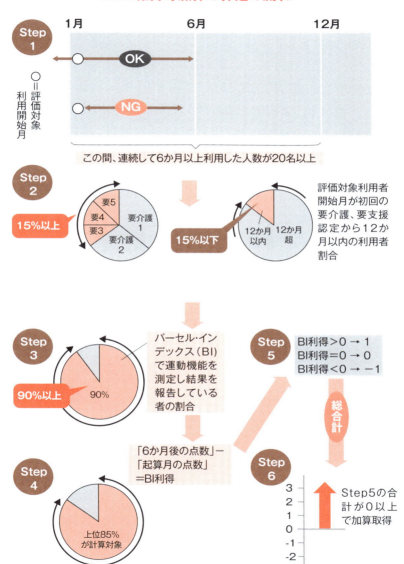

ココが見られる！ 実地指導対策ポイント

☑ ＢＩ評価の根拠となるアセスメント記録等も関連づけて保管する

　専門職の配置や計画書の作成、評価等の記録も加算の算定要件になく、「結果」のみで評価されるため、従来の加算よりも算定上の管理の手間は少ないかもしれません。一方で、算定にあたっては、届出書の提出が必要になりますが、このうち「５．届出内容」の以下５項目が「該当」することが必要です。

（１）評価対象者数
（２）重度者の割合
（３）直近12か月以内に認定を受けた者の割合
（４）評価報告者の割合
（５）ＡＤＬ利得の状況

　上記５項目については、それぞれの要件を満たすことを示す書類を保存していることが求められます。
　５項目の要件があり、手間がかかりそうな印象がありますが、作成する記録は評価開始月と６か月後のBI評価だけであり、これらに対する根拠となる記録は関連づけて保管しておくことが望まれます。他の項目については保険証等の情報の集計になります。多くの事業所では、介護保険請求ソフトを導入されていますが、それらのソフトを利用して集計できるものが多くあります。ソフト会社のサポート担当にADL維持等加算の要件の集計をしたい旨を伝えて、データの出力方法等を確認するとよいでしょう。このような集計では、計算ミスが起きやすい手計算はできるだけ行わず、ソフトの機能を活用しましょう。

2018年　改正ポイント④
●機能訓練指導員にはり師、きゅう師を追加

　これまで、理学療法士、作業療法士、言語聴覚士、看護職員、柔道整復師、あん摩マッサージ指圧師が資格要件であった機能訓練指導員に、はり師、きゅう師が追加されました。人員基準の資格要件を満たすためには、実務経験が必要になっており、機能訓練指導員が配置された事業所で6か月以上、機能訓練指導に従事しなければなりません。

機能訓練指導員の資格要件

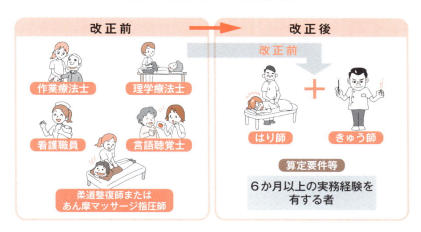

ココが見られる！ 実地指導対策ポイント

☑ 資格者証だけでなく、実務経験を証明する資料もあわせて保管すること

　資格要件に対しては、資格者証だけでなく、人員基準にかかわるので、機能訓練指導員には、6か月間の実務経験を証明できる書類が必要です。特に、採用前に実務経験がある場合は、前職の事業所で作成される実務証明が必要です。手配が後手に回らないように、入職（入社）日までに書類（写し）が回収できるように期限を定めて依頼しましょう。

2018年　改正ポイント⑤

●栄養改善加算

　従来は、管理栄養士1名以上の配置要件がありましたが、外部の管理栄養士が実施する場合でも要件を満たすことになりました。

外部の管理栄養士でもOK

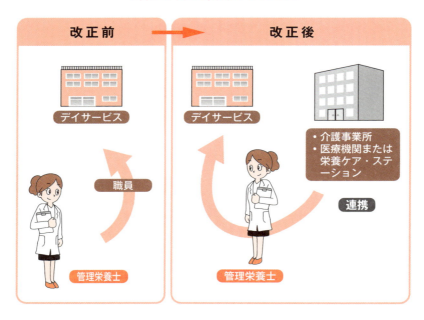

第 3 章 通所介護・地域密着型通所介護

👉ココが見られる！ 実地指導対策ポイント

☑ 外部の管理栄養士の配置に対しては、契約書等で配置の状況を説明できるようにする

　今回の改正は、外部の管理栄養士の配置が可能になったという要件の緩和であり、栄養改善加算としての実施事項には変更はありません。

・対象者：下記のいずれか（証する記録等を保管しておく）

> イ ＢＭＩが18.5未満である者
> ロ 1〜6か月間で3％以上の体重の減少が認められる者又は基本チェックリスト（※）のNo.11の項目が「1」に該当する者
> ハ 血清アルブミン値が3.5g/dl以下である者
> ニ 食事摂取量が不良（75％以下）である者
> ホ その他低栄養状態にあるもの

※「地域支援事業の実施について」（平成18年6月9日老発第0609001号厚生労働省老健局長通知）に規定する基本チェックリスト

・手順：

> ・利用開始時：低栄養状態のリスクの把握
> ・栄養アセスメントの実施（管理栄養士が中心に進める）
> ・栄養ケア計画の作成
> ・体重測定等おおむね3か月毎に評価実施

　手順では、栄養ケア計画の作成にあたって、低栄養状態のリスク把握、栄養アセスメントの実施が位置づけられているため、この点の記録整備も求められます。さらに、3か月ごとの評価まで1サイクルの管理が必要です。

2018年　改正ポイント⑥

●栄養スクリーニング加算

　利用者の栄養スクリーニングを行い、ケアマネジャーと栄養状態に係る情報を文書で共有するものです。栄養スクリーニングは、管理栄養士以外の介護職員でも行えるものとしています。栄養スクリーニングの結果、低栄養と判定された場合は、栄養改善の対象者となります。よって、栄養改善加算を算定している場合は、栄養スクリーニング加算は、算定できませんが、栄養スクリーニングの結果、栄養改善加算に係る栄養改善サービスの提供が必要と判断された場合は、栄養スクリーニング加算の算定月でも栄養改善加算を算定できます。

栄養スクリーニング加算の概要

	新設
単位数	5単位／回　（6か月に1回を限度）

デイサービス

介護職員等

文書により提供

栄養状態に関する情報
・BMI(18.5未満であるか)
・6か月以内で3％以上の体重減少（※）
・血清アルブミン値が3.5g／dℓ以下
・食事摂取量の不良（75％以下）

ケアマネジャー

（※または、基本チェックリストNo.11の項目が「1」＝6か月以内で2〜3kg以上の体重減少があった場合）

第 3 章　通所介護・地域密着型通所介護

ココが見られる！ 実地指導対策ポイント

☑ ケアマネジャーとの情報共有までが、算定要件。報告に関する記録が求められる

　加算の位置づけとしては、栄養改善加算の1歩手前になります。このスクリーニングで低栄養と考えられる利用者をチェックします。チェックの基準は、栄養改善加算で記載したイ〜ホになります。

　栄養スクリーニング加算については、結果を文書でケアマネジャーに伝える必要があるため、ケアマネジャーごとに報告日、報告内容（利用者名、結果）を記録します。

2018年　改正ポイント⑦

●運営推進会議の開催方法の緩和（地域密着型通所介護）

　地域密着型サービスでは、運営推進会議の開催が義務づけられていましたが、複数事業所による合同開催が認められるようになりました。

　目的としては、地域における事業所間のネットワーク形成の促進等もありますが、異なる事業所間ということもあり、下記の要件があります。

- 利用者および利用者家族の情報は匿名とするなど、個人情報・プライバシーを保護する。
- 同じ日常生活圏域内の事業所間で行う。

　また、合同開催の回数についても年間に定められている回数の半分を超えないという制限もあります。

👉ココが見られる！　実地指導対策ポイント

☑ **回数の確保だけでなく、参加者を確保できるような日程や依頼の仕方も重要**

　出席者として位置づけられているのは、利用者、市町村職員、地域住民代表者（町内会役員、民生委員、老人クラブの代表等）です。市町村職員の参加が難しいケースが多いので、早めの日程調整が望まれます。

実地指導で指摘の多かったポイント

指摘ポイント❶　指摘率 **42**％

介護報酬（加算）の算定等の誤りがある

主に加算の算定にあたり、その要件が満たされていない等の理由がまとめて1位になっています。具体的な加算は下記の2つです。

①個別機能訓練加算（Ⅰ）

通所介護事業所として常勤専従の機能訓練指導員を配置しないまま加算の請求をしている

本加算は、通所介護を行う時間帯を通じて常勤専従の機能訓練指導員を置くことが要件となっています。この要件では、看護職員との兼務はできません。よって、看護職員の配置が必要な通所介護事業所において、看護職員は専従である必要がないからといって、個別機能訓練加算（Ⅰ）の機能訓練指導員として配置しても「通所介護を行う時間帯を通じて」という要件を満たすことができません。

ちなみに、個別機能訓練加算（Ⅱ）では、機能訓練指導員は、「通所介護を行う時間帯を通じて」という要件がないため、午前中は通所介護の看護職員、午後は、個別機能訓練加算（Ⅱ）の機能訓練指導員という配置が可能です。

また、個別機能訓練加算（Ⅰ）、（Ⅱ）は、個別機能訓練計画書を多職種共同で作成する必要がありますが、それが確認できない場合も指摘対象となります。

②中重度ケア体制加算

通所介護を行う時間帯を通じてもっぱら当該通所介護の提供にあたる看護職員を1名以上配置しないままで加算している

看護職員の配置が、「通所介護を行う時間帯を通じて」必要になります。通常の通所介護で配置される看護職員は、「通所介護を行う時間帯を通じて」配置する必要はありませんが、中重度ケア体制加算を算定する場合には、看護職員の配置に注意が必要です。

個別機能訓練加算（Ⅰ）の機能訓練指導員や中重度ケア体制加算の看護職員も配置基準上、サービス提供日の一部でしか要件を満たす日がなかった場合は、該当する日だけの加算算定も可能です。

また、「通所介護を行う時間帯を通じて」という要件は、加算の届け出を行った時点では満たしていたものの、機能訓練指導員や看護職員の退職や勤務時間の変更等により要件を満たせなくなる場合があります。そのことに気がつかないで、介護保険請求を行っていると、介護報酬の返還となる場合もあります。有資格者の退職および採用の場合は、加算の要件を改めて確認する機会とするのがよいでしょう。

実地指導対策
ワンポイントアドバイス

当初は配置基準を満たしていても、職員の急な退職や担当の変更で常勤専従が確保できなくなるケースがあります。加算ごとに基準の対象となる職員とその勤務時間数をまとめた一覧表等を作成すると人員基準の不足数や余剰数も見えてきます。

第3章 通所介護・地域密着型通所介護

指摘ポイント❷　指摘率 10.6 %

職員配置が遵守できていない

　管理者、生活相談員、看護職員、機能訓練指導員、介護職員について月ごとの勤務体制が明らかにされていないケースが見られます。

　生活相談員については、通所介護のサービス提供時間に応じた配置が必要になりますが、地域ケア会議、サービス担当者会議等利用者の地域生活を支えるために必要な時間も含めることができるため、その時間については、通所介護事業を不在にしても差し支えありません。

　看護職員は、利用定員が11名以上の場合に1名以上配置とされ、サービス提供日ごとに配置が必要とされますが、サービス提供時間を通じて通所介護事業所と密接かつ適切な連携を図れる状態であれば、サービス提供時間を通じて配置する必要はありません。

　機能訓練指導員は、1名以上の配置とされていますが、週に数日の配置でも可能です。

> **実地指導対策　ワンポイントアドバイス**
> 職員配置は、「サービス提供時間を通じて」配置が必要な場合や、数時間でも要件を満たす場合等さまざまです。どの時間帯に必要なのかもチェックできる一覧表や管理表が有効です。

指摘ポイント❸　指摘率 5.5 %

通所介護計画書の同意がない

　内容としては訪問介護計画書の同意への対応と同様ですが、訪問介護計画書は、サービス提供責任者による説明が必要であり、その機会も限定されます。一方、通所介護計画書は生活相談員ほか職員がいる事業所に来てもらうため、機会の確保は容易であると考えられます。

> **実地指導対策　ワンポイントアドバイス**
> いつ、どの利用者へ説明、同意、交付の手続きを取るかの予定を早めに組み、利用者にも書面で伝えるようにしましょう。

指摘ポイント❹　指摘率 3.3 %
建物設備等の管理が適正に行われていない

　ここでの主な指摘内容は、食堂および機能訓練室の面積についてです。基準では、食堂兼機能訓練室の面積は、定員1名あたり3㎡以上と定められています。指定申請時は、面積要件を満たしていたものが、途中から静養室のベッドを増やしたために面積が不足してしまうケース等に注意が必要です（静養室の面積は、食堂兼機能訓練室に含まれない）。

面接要件の変更

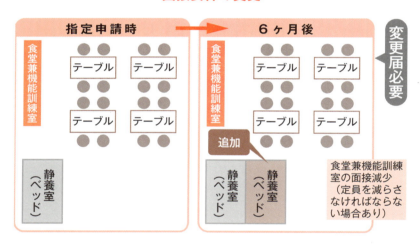

また、サービス付き高齢者向け住宅と併設の通所介護の事例では、入居者用に1階の通所介護に隣接した部分に食堂兼リビングのスペース（通所介護の食堂兼機能訓練室の面積には含まない）を設置したところ、デイサービスを利用していない入居者が、食堂兼リビングに通所介護の食堂兼機能訓練室を横切るため、「通路部分面積」を食堂兼機能訓練室の面積からマイナスするよう指摘があった事例もあります（通路幅0.8 mを確保）。

※指定権者により解釈が異なる場合があります。

　相談室も通所介護の食堂兼機能訓練室を横切る場合は、通路として食堂兼機能訓練室の面積からマイナスするため、レイアウト変更で入口から奥の場所へ移動する際には注意が必要です。

通路部分を食堂兼機能訓練室の面積から除く

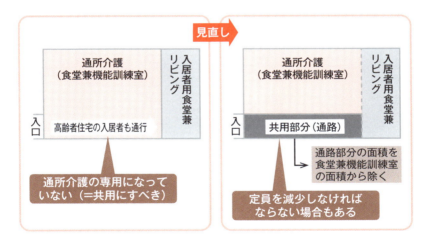

実地指導対策 ワンポイントアドバイス
申請届出時との差異が主な指摘です。事業所平面図の履歴管理ができるようにしましょう。

通所リハビリテーション

自立支援・重度化防止の推進のための機能強化が図られ、医師の指示内容も明確化されました。医師との連携を求める一方で、医師のリハビリテーション会議では、テレビ電話の使用も可能とする要件の緩和も設定されています。

第 **3** 章　通所リハビリテーション

実地指導対策　マルわかり掲示板

①基本単位数の改定
☑ 実施記録は実際にサービスに要した時間。請求は通所リハ
ビリテーション計画の時間による（通所介護と同様）

②リハビリテーションマネジメント加算（Ⅰ）〜（Ⅳ）
☑ 医師の指示内容にも要件があるので確認を

③（介護予防）リハビリテーションマネジメント加算
☑ 他介護予防サービス等の従業者への情報伝達も要件

④短時間リハビリテーション実施時の要件緩和
☑ １時間以上２時間未満に限定された緩和要件なので、運用
に注意

⑤生活行為向上リハビリテーション実施加算〔介護予防〕

⑥栄養改善加算
☑ ケアマネジャーとの情報共有までが、算定要件。報告に関す
る記録が求められる

⑦栄養スクリーニング加算
☑ 外部の管理栄養士の配置に対しては、契約書等で配置の状
況を説明できるようにする

2018年　改正ポイント①

●基本単位数の改定

通所介護と同様に時間区分が、2時間のものも1時間に細分化されました。単位数は、半日利用が想定される所要時間3～4時間では、要介護度4～5では単位数増になっており、平均でも改正前比101.7％になっています（通常規模）。一方、所要時間6～8時間は、6～7時間と7～8時間の2区分に分割されました。単位数の改正前比は、要介護度1～5の平均で6～7時間が91.6％、7～8時間が97.8％と長時間のほうが減少率が大きくなっています。

通所リハビリテーションサービス提供時間区分の見直し
（通所リハ）

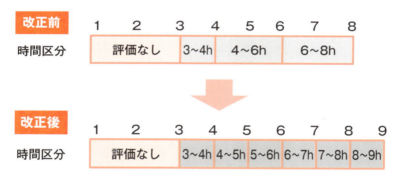

👉ココが見られる！　実地指導対策ポイント

☑ 実施記録は実際にサービスに要した時間。請求は通所介護計画の時間による（通所介護と同様）

第3章 通所リハビリテーション

2018年　改正ポイント②
● リハビリテーションマネジメント加算（Ⅰ）〜（Ⅳ）

「医師の指示」が新しく要件に加わりました。また、従来は、（Ⅰ）と（Ⅱ）の6か月以内と6か月超の3パターンでしたが、改正により（Ⅱ）を基本に新たに（Ⅱ）、（Ⅲ）、（Ⅳ）の3パターンが設定され、それぞれ6か月以内と6か月超の6パターンになりました。これに、（Ⅰ）を加え、計7パターンの構成になっています。

従来の（Ⅱ）の要件であった、医師によるリハビリテーション計画の説明が理学療法士等に緩和されたものが、新（Ⅱ）、従来同様が（Ⅲ）、VISITシステムで厚生労働省に評価データを提出している場合が（Ⅳ）となります。また、医師のリハビリテーション会議出席の要件については、テレビ会議等でも可能とされました。

リハビリテーションマネジメント加算の改定内容

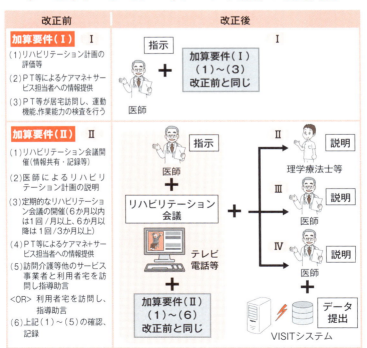

👆ココが見られる！ 実地指導対策ポイント

☑ 医師の指示内容にも要件があるので確認を

　今回の改正で、リハビリテーションマネジメント加算の大前提として、医師の詳細な指示が要件となりました。要件とされる指示は、リハビリテーションの目的に加え、下図のとおりとされています。

　また、医師が3か月以上の継続利用が必要と判断する場合は、リハビリテーション計画の備考欄に継続利用が必要な理由とその他の居宅サービスへの移行の見通しを記載することとされました。

　リハビリテーションマネジメント加算（Ⅱ）〜（Ⅳ）では、リハビリテーション会議への医師の参加について、テレビ電話等の使用も可として要件を緩和しています。ただし、ここでは常時、動画を共有できる環境が要件になっており、音声電話のみで必要な場合に動画を送るような運用では要件を満たしません。

医師からの指示内容

リハビリテーションの目的

＋

いずれか1以上該当
- リハビリテーション開始前の留意事項
- リハビリテーション実施中の留意事項
- リハビリテーションを中止する際の基準
- リハビリテーション時の利用者の負荷等

指示 →

医師　　　　　　　　　　　　　　　　　　　　　　　　　　理学療法士

第3章 通所リハビリテーション

2018年　改正ポイント③

●(介護予防) リハビリテーションマネジメント加算

　介護予防通所リハビリテーションにもリハビリテーションマネジメント加算が新たに設定されました。算定要件については、具体的には下記①～③を満たす必要があります。

> ①医師が理学療法士等にリハビリテーションの目的に加え、下記いずれか一つ以上の指示を行う。
> （要件とされる指示内容）
> 1 リハビリテーション開始前の留意事項
> 2 リハビリテーション実施中の留意事項
> 3 リハビリテーションを中止する際の基準
> 4 リハビリテーション時の利用者の負荷等
> ②おおむね3か月ごとにリハビリテーション計画を更新する。
> ③理学療法士等がケアマネジャーを通じて、他介護予防サービス等の従業者に対して日常生活上の留意点、介護の工夫等の情報を伝達する。

👉ココが見られる！ 実地指導対策ポイント

☑ 他介護予防サービス等の従業者への情報伝達も要件である

　ケアマネジャーを通じてサービス事業所に留意点や情報を伝達する要件については、方法については定められていないものの、書面にて担当のケアマネジャーに対し、情報伝達先のサービス事業所を記載した上で伝達内容を記すことで、記録が手元に残る他、伝達内容の正確性も期待できます。

111

2018年　改正ポイント④
●短時間リハビリテーション実施時の要件緩和

　1時間以上2時間未満の短時間での通所リハビリテーションに限り、面積要件等が緩和されました。従来は、面積を算出する際の利用者数を「介護保険の利用定員」＋「医療保険の患者数」としていましたが、改正後は、「介護保険の利用定員」のみで算出することになりました。

短時間リハビリテーション実施時の要件緩和

	改正前	改正後
①面積要件	・介護保険の利用定員 ・医療保険の患者数 　上記合計数×3㎡	・介護保険の利用定員 　上記合計数×3㎡
②人員基準	同一職種の従業者と交代する場合は、医療保険のリハビリテーションに従事することができる。	同左
③器具の共有	1時間以上2時間未満の通所リハの場合は、必要な器具の共有が認められる。	サービス提供時間にかかわらず共有が認められる。

👆ココが見られる！ 実地指導対策ポイント

☑ **1時間以上2時間未満に限定された緩和要件なので、運用に注意**

　面積要件のほか、器具の利用に関する要件では、従来1時間以上2時間未満に限定されていた要件も緩和され、サービス提供時間に関わらず共有が認められます。

（新）生活行為向上リハビリテーション実施加算

3か月以内	3か月超、6か月以内
900単位／月	450単位／月

第3章 通所リハビリテーション

2018年　改正ポイント⑤

●生活行為向上リハビリテーション実施加算（介護予防）

　この加算で示される「生活行為」は、個人の活動として行う排泄、入浴、調理、買物、趣味活動等になります。生活行為向上リハビリテーション実施計画に目標を定め、計画的に実施し、リハビリテーション会議における達成状況の報告が求められます。

　また、通所リハビリテーション同様に、生活行為向上リハビリテーション実施加算の算定後に介護予防通所介護リハビリテーションを継続利用する場合の減算が所定単位数の15％で設定されます。

👆ココが見られる！ 実地指導対策ポイント

☑「生活行為」は利用者居宅における評価を実施

　生活行為向上リハビリテーション実施計画の評価は、「生活行為」という点をふまえ利用者の居宅における評価が必要とされています。事業所内での評価だけではない点に注意が必要です。

生活行為向上リハビリテーション実施加算

	改正前	改正後						
		1月	2月	3月	4月	5月	6月	7月〜
単位数	—	900単位／月			450単位／月			15％減算
算定要件	—	・リハビリテーション実施計画 　・生活行為の充実を図る目標 　・目標を踏まえたリハビリテーション ・リハビリテーション会議 　目標の達成状況の報告 ・リハビリテーションマネジメント加算を算定 ※事業所評価加算との併算定は不可						

113

2018年　改正ポイント⑥

●栄養改善加算【通所介護に同じ】

　従来は、管理栄養士1名以上の配置要件がありましたが、外部の管理栄養士が実施する場合でも、要件を満たすことになりました。

2018年　改正ポイント⑦

●栄養スクリーニング加算【通所介護に同じ】

　利用者の栄養スクリーニングを行い、ケアマネジャーと栄養状態に係る情報を文書で共有するものです。栄養スクリーニングは、管理栄養士以外の介護職員でも行えるものとしています。栄養スクリーニングの結果、低栄養と判定された場合は、栄養改善の対象者となります。よって、栄養改善加算を算定している場合は、栄養スクリーニング加算は、算定できませんが、栄養スクリーニングの結果、栄養改善加算に係る栄養改善サービスの提供が必要と判断された場合は、栄養スクリーニング加算の算定月でも栄養改善加算を算定できます。

実地指導で指摘の多かったポイント

指摘ポイント❶　指摘率 10 %
秘密保持のための必要な措置が未整備

- 利用者情報の秘密保持、守秘義務、個人情報保護等に関わるしくみについては、他サービスと同様になります。

※第2章ポイント⑥、⑧を参照

指摘ポイント❷　指摘率 9 %
介護報酬の算定が不適切

　通所リハビリテーションの介護報酬に関する主な指摘では、介護予防の運動器機能向上加算の運動器機能向上計画が未作成であることと、リハビリテーションマネジメント加算を新規で行う場合の居宅訪問による運動機能検査等が未実施であることについての指摘が挙げられています。

実地指導対策

ワンポイントアドバイス

> 運動機能検査等は、開始日から1か月以内の期限があるため、まず居宅訪問の日程を確保しましょう。

5 訪問リハビリテーション

人員基準では、常勤医師の配置が必須となりました。さらに、医師の指示やリハビリテーション会議への参加等が求められるようになりました。また、「特別地域加算」、「中山間地域等における小規模事業所加算」も新たに設定され、サービス普及の方策がとられました。

第3章 訪問リハビリテーション

実地指導対策 **マルわかり掲示板**

①リハビリテーションマネジメント加算（Ⅰ）〜（Ⅳ）
- ☑ 訪問リハでは、リハ会議は3か月に1回開催（通所リハは毎月開催）

②医師がリハビリテーション計画作成に係る診療を行わなかった場合の減算
- ☑ 診療したことが確認できる記載が必要。診療の記録と関連づけられると記録の管理、活用にも有効

③（介護予防）事業所評価加算
- ☑ リハビリテーションマネジメント加算の対象利用者と合わせて管理することでミス等も削減が可能

④（介護予防）リハビリテーションマネジメント加算
- ☑【介護予防通所リハビリテーションと同様】

2018年 改正ポイント①

●リハビリテーションマネジメント加算（Ⅰ）～（Ⅳ）

　基本的な算定の要件は、通所リハビリテーションとほぼ同様です。ただし、単位数の構成が大きく異なるので、単位数については改めて述べます。

　リハビリテーションマネジメント加算は、医師の指示が要件に加わることで、従来から大きく仕組みが変わりました。また、従来は、（Ⅰ）、（Ⅱ）の2パターンでしたが、改正により4パターンになりました。従来の（Ⅱ）の要件であった、医師によるリハビリテーション計画の説明が理学療法士等に緩和されたものが、新（Ⅱ）、従来同様が（Ⅲ）、VISITシステムで厚生労働省に評価データを提出している場合が（Ⅳ）となります。また、医師のリハビリテーション会議出席の要件については、テレビ会議等でも可能とされました。

👉ココが見られる！ 実地指導対策ポイント

☑ 訪問リハでは、リハ会議は3か月に1回開催（通所リハは毎月開催）

　通所リハビリテーションと異なる点は、リハビリテーション会議の開催が、通所リハビリテーションでは、6か月以内においては、1か月に1回以上であるところが、訪問リハビリテーションでは、3か月に1回以上である点、また、リハビリテーション加算（Ⅰ）の要件では、通所リハビリテーションの場合、新規にリハビリテーション計画を作成した場合は、開始日から1か月以内に利用者の居宅を訪問し、運動機能検査等を行うことになっているものの、訪問リハビリテーションには、その要件がありません（訪問リハビリテーションでは、毎回訪問しているので、その要素は含まれています）。

第3章 訪問リハビリテーション

2018年　改正ポイント②
●医師がリハビリテーション計画作成に係る診療を行わなかった場合の減算

　専任の常勤医師の配置が位置づけられました。また、これに伴い、リハビリテーション計画の策定にあたって、診療を行わなかった場合に減算されることになります。

診療なしの場合は減算

👉ココが見られる！ 実地指導対策ポイント

☑ **診療したことが確認できる記載が必要。診療の記録と関連づけられると、記録の管理、活用にも有効**

　医師の配置は、通所リハと同様に併設される医療機関等の常勤医師との兼務も差し支えないとされています。この場合、訪問リハビリテーションに従事している時間は、医療機関や介護老人保健施設での勤務時間には含まれないので、勤務形態一覧表等でそれぞれの業務での勤務時間の管理を行うことが必要になります。

　また、記録のうえでも、診療したことが確認できる記載等が求められます。これらの記録は、診療の記録とも関連できるよう診療日も記載しておくことで実地指導時の検索、確認もできます。

2018年 改正ポイント③

●(介護予防) 事業所評価加算

　介護予防通所リハビリテーションに設定されていた、事業所評価加算が、介護予防訪問リハビリテーションにも設定されました。

　算定要件は、介護予防通所リハビリテーションとほぼ同様ですが、介護予防通所リハビリテーションでは、対象となる利用者が選択的サービス（運動機能向上、口腔機能向上、栄養改善）を利用している場合ですが、介護予防訪問リハビリテーションでは、リハビリテーションマネジメント加算を算定している場合の利用者が対象になります。

事業所評価加算の概要

	改正後
単位数	120単位／月
算定要件	・利用者実人数10名以上 ・60％以上にリハビリテーションマネジメント加算を実施 $\dfrac{\text{要支援状態区分の維持者数} + \text{改善者数} \times 2}{\text{評価対象期間内にリハビリテーションマネジメント加算を3か月以上算定し、その後に更新・変更認定を受けた者の数}} \geq 0.7$ リハビリテーションマネジメント加算 ← 3か月以上 → 更新・変更認定

第3章 訪問リハビリテーション

ココが見られる！ 実地指導対策ポイント

☑ **リハビリテーションマネジメント加算の対象利用者と合わせて管理することでミス等も削減が可能**

　算定要件に定められているように、事業所評価加算の対象者たとはリハビリテーションマネジメント加算の算定が3か月以上とされているため、リハビリテーションマネジメント加算と含めて同期した算定要件の管理が必要になります。たとえば、リハビリテーションマネジメント加算の件数が集計される表を流用することなどにより、別々の集計を行うことによる集計ミス等の可能性を低くすることができます。

2018年　改正ポイント④

●（介護予防）リハビリテーションマネジメント加算

　要介護者に対して算定されていたリハビリテーションマネジメント加算が介護予防訪問リハビリテーションにも設定されました。今回の改正では、介護予防通所リハビリテーションにもリハビリテーションマネジメント加算が設定されましたが、算定要件も介護予防通所リハビリテーションと同様です。

・（介護予防）リハビリテーションマネジメト加算：230単位／月【新設】

121

福祉用具貸与

今回の改正では、同じ商品の貸与価格にバラツキが大きいとの状況から、その適正化の目的で価格設定に影響のある施策が導入されました。また、利用者の商品選択の幅が広がるような提案も義務づけられました。

第 3 章　福祉用具貸与

> **実地指導対策　マルわかり掲示板**
>
> ①**2018年10月から貸与価格の上限設定**
> ☑ 上限内であっても、全国平均貸与価格との差異は確認する
>
> ②**機能や価格帯の異なる複数商品の提示**
> ☑ ケアマネジャーへの福祉用具貸与計画の提出は義務。提出依頼の有無に関係なく提出すること

2018年　改正ポイント①

●2018年10月から貸与価格の上限設定

　2018年10月から商品ごとに全国平均貸与価格の公表や貸与上限価格の設定が行われます。上限価格は、全国平均貸与価格の＋1標準偏差（価格上位の約16％）で設定されます。全国平均貸与価格や上限貸与価格は、2019年以降も、おおむね1年に1度の頻度で見直しが行われます。これを数年繰り返すことにより、年々、全国平均貸与価格と上限価格の差が小さくなることになります。

👆ココが見られる！　実地指導対策ポイント

☑ **上限内であっても、全国平均貸与価格との差異は確認する**

　公表される商品ごとの全国平均貸与価格、貸与上限価格を反映することが急務になります。上限価格を上回っている場合は、限度内に収まるように価格を変更することになります。利用者に対して全国平均貸与価格も共に示す必要があるため、全国平均貸与価格からかい離があると、説明が必要な場合も想定されます。

2018年　改正ポイント②

●機能や価格帯の異なる複数商品の提示

　利用者が適切な福祉用具を選択できるように、福祉用具専門相談員の業務に下記の事項が義務づけられました。

・貸与しようとする商品の特徴や貸与価格に加え、全国平均貸与価格も説明すること
・同一種目における機能や価格帯の異なる複数の商品を利用者に提示すること
・利用者に交付する福祉用具貸与計画書をケアマネジャーにも交付すること

福祉用具貸与の見直し

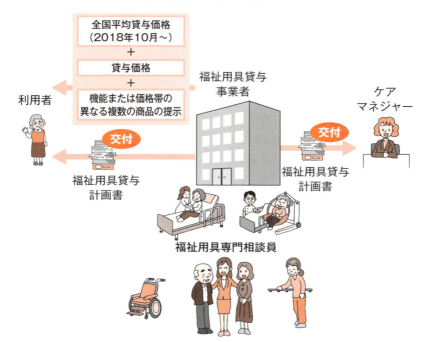

👆ココが見られる！ 実地指導対策ポイント

☑ ケアマネジャーへの福祉用具貸与計画の提出は義務。提出依頼の有無に関係なく提出すること

　全国平均貸与価格と貸与価格は、福祉用具貸与計画書に基づく、福祉用具機器の選定にかかわる内容に含まれることになるため、これらの情報を提供したうえで、福祉用具貸与に同意したことが確認できるように、あらかじめ計画書の同意確認の前に示しておく必要があります。また、複数商品の情報提供についても、利用者に対して提供した内容が確認できる書類を保管しておきます。

　また、今回新たに義務づけられた、ケアマネジャーへの福祉用具貸与計画書の交付については、訪問介護等では「ケアマネジャーからの個別サービス計画書提出の求めに応じるよう努めるものとする」という努力義務であったのが、「交付しなければならない」という義務になったので、ケアマネジャーからの要求の有無にかかわらず交付するという点が、ほかの居宅サービスと異なる点です。

　交付にあたっては、交付した事実を証するものとして、交付日、担当ケアマネジャー名等を記録しておくことが必要です。

7 居宅介護支援

医療連携に関する加算が多く設定されていることから、共有する情報の記録の管理に重点を置くことになります。特に、日付（入院後何日目の情報提供等）、情報提供先についてももれなく記載されていることが必要になります。

第 **3** 章　居宅介護支援

実地指導対策 マルわかり掲示板

①入院時情報連携加算（Ⅰ）、（Ⅱ）
☑ 情報受領の確認までを含めた情報連携を

②退院・退所加算
☑ カンファレンス内容の記録も関連づけて確認できるような
　保管を

③特定事業所加算（Ⅳ）
☑ 退院・退所加算の回数は、連携回数（≠加算回数）、日付も提
　示できるように

④ターミナルケアマネジメント加算
☑ 記録の要件は、様式に落とし込み、漏れのない記録を

⑤管理者要件に主任介護支援専門員
☑ 主任介護支援専門員の管理者の確保策を講じておくこと

⑥契約時の説明義務（運営基準）
☑ 契約時の手順に落とし込み、チェックリストで漏れのない
　説明を

⑦特定事業所集中減算
☑ 紹介率の集計単位は法人。同一法人の事業所は合算が必要

⑧訪問回数が多い利用者への対応
☑ もし、多くの訪問が必要であれば、1回当たりの時間を長く
　するなどの調整を

⑨障害福祉制度の相談支援専門員との密接な連携
☑ まず、近隣の特定相談支援事業所との情報交換から

2018年　改正ポイント①

●入院時情報連携加算（Ⅰ）、（Ⅱ）

今回改正で算定要件が変わりました。

（Ⅰ）では、入院後3日以内の情報提供になります。一方、（Ⅱ）は、入院後7日以内の情報提供となります。従来は、情報提供方法が訪問等に定められていましたが、その方法は問わないことになりました。

入院時情報連携加算の改定内容

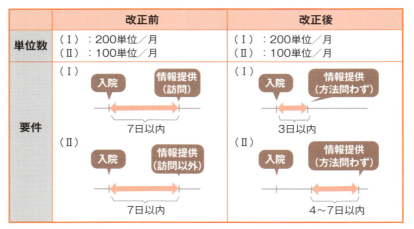

ココが見られる！　実地指導対策ポイント

☑ 受領の確認までを含めた情報連携を

今回の改正では、情報連携の手段は要件になっていませんが、情報提供手段の記録をしておくべきでしょう。また、国が示すQ&Aには、先方が情報を受け取ったことを確認とあるので、送りっ放しではなく、受領確認の日時を含めての記録になります。国が示す様式「入院時情報提供書」は、必須ではありませんが、事業所内では、標準的な様式を設定し、記録するのがよいでしょう。

2018年 改正ポイント②

●退院・退所加算

　この加算も従来から設定されていましたが、算定要件が変わりました。連携３回までの単位数がカンファレンス参加の有無で２通り設定されています。連携３回を算定できるのは、１回以上担当医師のカンファレンスを行い、退院・退所後の在宅での療養上必要な説明を行ったうえでケアプランを作成し、居宅サービス等の利用に関する調整を行った場合に限ります。

退院・退所加算の改定内容

		改正前			改正後	
		カンファレンス参加 無	カンファレンス参加 有		カンファレンス参加 無	カンファレンス参加 有
単位数	連携１回	300単位	300単位	連携１回	（Ⅰ）イ 450単位	（Ⅰ）ロ 600単位
	連携２回	600単位	600単位	連携２回	（Ⅱ）イ 600単位	（Ⅱ）ロ 750単位
	連携３回	—	900単位	連携３回	—	（Ⅲ） 900単位
限度回/月数		加算　加算　加算 3回／月			加算 1回／月	
様式		退院・退所情報記録書			（新）退院・退所情報記録	

👆ココが見られる！ 実地指導対策ポイント

☑カンファレンス内容の記録も関連づけて確認できるような保管を

　１回の退院退所について算定できますが、パターンが５つ設定されています。カンファレンス参加の有無が算定要件のポイントになりますので、記録にあたっては、カンファレンスの日時、開催場所、出席者、内容等の要点を記録し、カンファレンス開催時に提供した文書の写しも併せて保管しましょう。

2018年　改正ポイント③

●特定事業所加算（Ⅳ）

特定事業所加算のなかでも、医療連携の実績が多い場合に評価する（Ⅳ）が新設されました。算定要件等は下図の通りです。

特定事業所加算（Ⅳ）の概要

	改正前	改正後
単位数	—	125単位／月
算定要件	—	特定事業所加算（Ⅰ） or 特定事業所加算（Ⅱ） or 特定事業所加算（Ⅲ） ＋ 退院・退所に係る連携　35回／年以上 ＋ ターミナルケアマネジメント加算　5回／年以上

☞ココが見られる！ 実地指導対策ポイント

☑ **退院・退所加算の回数は、連携回数（≠加算回数）、日付も提示できるように**

算定要件を満たしているかは、前々年度3月～前年度2月までの期間で算定した、退院・退所加算、ターミナルケアマネジメント加算の実績から判断します。退院・退所加算については、加算の回数ではなく、連携回数なので、1回の加算で連携3回（例：退院・退所加算（Ⅲ））であれば、計3回となります。毎月の加算請求の記録があれば、特段の管理は不要です。

第 3 章 居宅介護支援

2018年 改正ポイント④

●ターミナルケアマネジメント加算

　末期の悪性腫瘍の利用者に対する加算です。日程的な要件は、死亡日および死亡日前14日以内に2日以上在宅を訪問することになります。主治医の助言をもらい、利用者への支援を行います。訪問により把握した情報を主治医や居宅サービス事業者へ提供します。

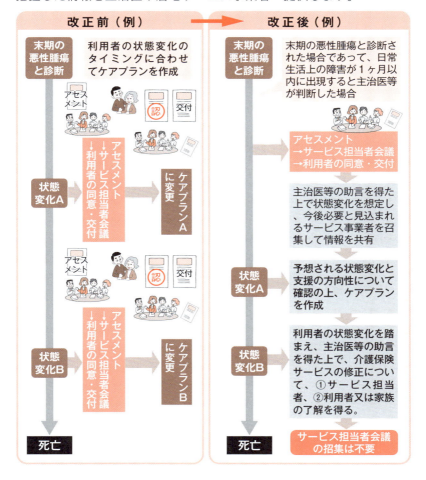

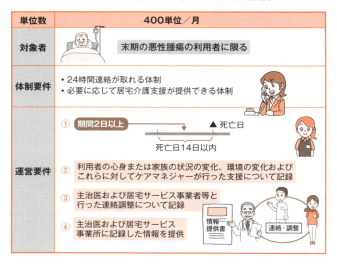

また、利用者に対しては、著しい状態変化を伴う可能性が高いため、主治医の助言をもらうことで、頻繁なケアプランの変更からサービス担当者会議というプロセスの簡素化が可能になりました。

👆ココが見られる！ 実地指導対策ポイント

☑ 記録の要件は、様式に落とし込み、漏れのない記録を

　要件となる、下記の記録等を整備するには、短期間のうちに書類や情報の整理をすることが求められるため、事業所内でスケジュールと手順をまとめておくのが望ましいでしょう。

（ターミナルケアマネジメント加算の要件となっている記録）
・死亡日前14日以内　　・利用者または家族の同意
・利用者の心身または家族の状況、環境の変化の記録
・主治医、居宅サービス事業者等への連絡調整の記録

2018年　改正ポイント⑤

●管理者要件に主任介護支援専門員

今まで特定事業所の管理者要件になっていた主任介護支援専門員が、全居宅介護支援事業所の管理者要件になります。2021年3月末までは、経過措置期間として主任介護支援専門員以外の介護支援専門員の配置も可能とされています。

管理者要件に主任介護支援専門員

ココが見られる！　実地指導対策ポイント

☑ **主任介護支援専門員の管理者の確保策を講じておくこと**

新たな管理者要件なので非常に重要なポイントになります。2021年3月末までの経過措置がありますが、国の通知では、経過措置期間の終了を待たず管理者として主任介護支援専門員を配置することが望ましいとされています。この点について、経過措置期間であっても、新規指定時には、主任介護支援専門員が求められる可能性もあるため、事前に指定権者に確認する必要があります。また、経過措置期間中の実地指導においては、主任介護支援専門員の管理者の確保について、現管理者の主任介護支援専門員の研修受講の予定等を確認されることが想定されます。

2018年　改正ポイント⑥

●契約時の説明義務（運営基準）

契約時の利用者への説明内容について下記が追加になりました。

・利用者が複数のサービス事業所の紹介を求めることが可能であること
・ケアプランに位置づけたサービス事業所の選定理由の説明を求めることが可能であること

主に想定されているのは、サービス付き高齢者向け住宅等に入居した場合に、その住宅を運営する同じ法人のサービス事業所や提携関係にあるサービス事業所のサービスしか使えないような場合です。ただし、説明義務は、サービス付き高齢者向け住宅の入居者以外の利用者に対しても発生します。これらが実施されなかった場合には、運営基準減算（50%減算）の対象になります。

👍ココが見られる！ 実地指導対策ポイント

☑契約時の手順をチェックリストで漏れのない説明を

　実施時期については問題がないと思いますが、説明すべき案件や署名、捺印をもらうなど実施事項が多いため、実施漏れを防ぐ対応としてチェックリスト等の作成が効果的です。未実施の場合、運営基準減算になるため、実地指導時には、重点的に確認されるポイントになります。説明の実施を確認できるように、文書を整えておくことが望まれます。
　導入しやすい形としては、既存の契約書、重要事項説明書等に対し、サービス事業所選定時に複数事業所の紹介を求める件やケアプランに位置づけた理由を求めることが可能である件を追記し、署名、捺印をもらうのがよいでしょう。

2018年　改正ポイント⑦

●特定事業所集中減算

対象となるサービスが見直しになりました。訪問介護、通所介護、地域密着型通所介護、福祉用具貸与の4サービスになります。

特定事業所集中減算の改定内容

	改正前	改正後
単位数	200単位／月	200単位／月
算定要件	訪問介護 訪問入浴介護 訪問看護 訪問リハビリテーション 通所介護 通所リハビリテーション 短期入所生活介護 短期入所療養介護 特定施設入居者生活介護 福祉用具貸与 定期巡回・随時対応型訪問介護看護 夜間対応型訪問介護 地域密着型通所介護 認知症対応型通所介護 小規模多機能型居宅介護 認知症対応型共同生活介護 地域密着型特定施設入居者生活介護 看護小規模多機能型居宅介護 （18サービス）	訪問介護 通所介護 地域密着型通所介護 福祉用具貸与 （4サービス）

ココが見られる！ 実地指導対策ポイント

☑ 紹介率の集計単位は法人。同一法人の事業所は合算が必要

　紹介率80％を超えるサービスがあると減算対象となります。同じ法人の場合、紹介率を別途合計して算出する必要があります。
　（例）A通所介護事業所（B社）：紹介率55％、C通所介護事業所（B社）：紹介率30％であれば、通所介護のB社紹介率は、55％＋30％＝85％となり、減算対象となります。

2018年　改正ポイント⑧

●訪問回数が多い利用者への対応

　サービス提供の適正化として、訪問介護（生活援助中心型）を位置づける場合に、その訪問回数が設定された基準を超える場合には、市町村にケアプランを提出することが義務づけられます。

　基準となる訪問回数は、「全国平均利用回数＋2標準偏差」です。基準回数は、要介護度別に設定されます。

　基準の回数を超えた場合は、市町村にケアプランを届け出ることになります。届け出られたケアプランは、地域ケア会議で検証され、必要に応じてケアプランの是正が促されます。

訪問介護（生活援助中心型）の届出の基準回数

要介護度	回数
要介護1	27回
要介護2	34回
要介護3	43回
要介護4	38回
要介護5	31回

2018年10月〜

基準回数を超える場合、市町村にケアプランを届出

↓

地域ケア会議でケアプランの検証

↓

ケアマネジャーに対しサービス内容の是正を促す

第3章 居宅介護支援

👉ココが見られる！ 実地指導対策ポイント

☑ もし、多くの訪問が必要であれば、1回当たりの時間を長くするなどの調整を

　本年10月には前記の要介護度別の訪問回数に対して、それを超えているかどうかのチェックが行われます。もし、10月以降に基準以上の訪問回数になるようであればケアプラン上の訪問回数を調整することになります。もしくは、妥当な訪問回数なのであれば、その必要性をケアプランに記載し、市町村に届け出ることになります。

　ただし、問われているのは、訪問回数であって時間や1回の訪問の内容ではありません。その点が調整のポイントになってきます。

2018年　改正ポイント⑨

●障害福祉制度の相談支援専門員との密接な連携

　介護保険制度と障害福祉制度のサービスを一体的に提供できる共生型サービスが位置づけられました。これにより、これまで障害福祉サービスを受けていた高齢者が65歳以上になっても、馴染みのスタッフや利用者のいる障害福祉サービス事業所で介護保険サービスを利用できることになります。このため特定相談支援事業所の相談支援専門員と密接な連携をとることが求められます。

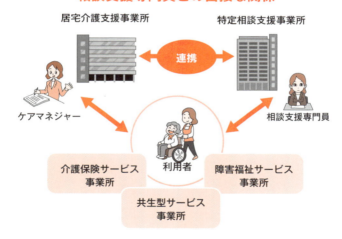

相談支援専門員との密接な関係

👉ココが見られる！ 実地指導対策ポイント

☑ まず、近隣の特定相談支援事業所との情報交換から

　当面の間、対象となる障害者の実数は多くはないと考えられますが、いざ、担当となったときに特定相談支援事業所の相談支援専門員の業務内容等を知ったうえで実務にかかわることが望ましいと考えます。

実地指導で指摘の多かったポイント

指摘ポイント❶　指摘率 41.7 %

担当者より専門的見地からの意見を求めること

　主な指摘内容として、「サービス担当者会議の欠席者に対して照会等により意見を求めていない」、「サービス事業所の専門的な見地からの意見がない」が挙げられています。これらの指摘を集約すると、サービス担当者会議は開催されているが、出席者、欠席者の意見が記録されていないということになります。特に、欠席が事前に確認できている担当者に対しては、ケアプランを送付し、意見を求めることが必要です。また、その記録は、「サービス担当者会議の要点」（第4表）の「検討した項目」に記載します。「会議出席者」欄には、欠席者と所属、欠席理由も記載します。

専門的見地からの意見を求める

実地指導対策 ワンポイントアドバイス
サービス担当者会議は、欠席者がいても開催を優先すること。時間調整や延期をすることでほかのサービス担当者会議の開催にも影響が出ます。

アセスメントを実施すること

　アセスメントに関しては、4分の1の事業所が指摘を受けています。具体的な内容は、「居宅サービス計画作成にあたって、利用者の評価を通じて自立した日常生活を営むことができるように支援するうえで解決すべき課題を把握していない」等となっています。

　アセスメントの方法としては、「課題分析標準項目（23項目）」を満たしている必要があります。アセスメントの記録はケアプランの根拠となるため、ケアプランとセットにして保管することがよいでしょう。

アセスメントの実施

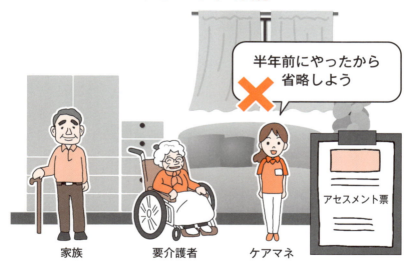

運営基準減算の対象ではありませんが、ケアプランの根拠としてアセスメントの実施と記録の保管を確実に。

第 3 章　居宅介護支援

指摘ポイント ❸　指摘率 **16.7** %

必要に応じて居宅サービス計画の変更を行うこと

　ケアプランの変更については、連動するサービス担当者会議も併せて実施する必要があります。ただし、ケアプランの変更でも軽微なものは、サービス担当者会議を開催せず、各サービスの担当者に照会等により意見を求めることで変更することができます。軽微な変更に該当するかどうかは、一般的に、回数や時間に変更のないサービス提供日の見直し等が例示されていますが、解釈については、保険者により変わる場合もありますので確認することが望ましいです。

> **実地指導対策　ワンポイントアドバイス**
> 軽微な変更の事例の共有を行い、それ以外については早急にサービス担当者会議を開催する手順を決めておきましょう。

指摘ポイント ❹　指摘率 **16.7** %

勤務体制の確保

　勤務時間の予定、実績が正確に管理できていない場合、ケアマネジャーの常勤換算数による1人あたりの取り扱い件数に影響があり、正しい計算ができていない場合は、介護報酬の返還も想定されます。
　居宅介護支援事業所の管理者業務を兼務している場合については、ケアマネジャーとしての勤務時間に含めることができますが、併設している訪問介護事業所のサービス提供責任者や通所介護事業所の生活相談員を兼務している場合は、兼務は可能ですが、ケアマネジャーの勤務時間に含めることができません。
　兼務をしている場合は、それぞれの業務が何時から何時までかを勤務実績として記録する必要があります。

> **実地指導対策　ワンポイントアドバイス**
> 兼務者については、それぞれの兼務ごとのタイムカード等が必要です。

指摘ポイント❺　指摘率 **16.7** %

モニタリングの結果を記録すること

ケアマネジャーであれば毎月の利用者宅の訪問・面接・モニタリングは、最たるルーチン業務であるはずです。しかし、指摘内容を見ると、「モニタリングの結果を記録していない状態が1か月以上継続している」ということでした。

・あるひと月だけ訪問し忘れていた
・記録することを忘れていた
・訪問日を記載していないため、月を特定できなかった

モニタリング結果の記録

実地指導対策
ワンポイントアドバイス

「モニタリングをした」ではなく「モニタリングの結果を記録した」までが必須です。

左記のように実際に毎月訪問していても正確に記録をつけなかったため指摘対象となったという事例はよくあります。

また、下記については、要件を満たしませんのでモニタリングを実施したことにはなりません。

・実施事業所に立ち寄ってもらった際にモニタリングを行った
・本人が不在だったので、家族に詳しく聞いた
・訪問の時間が取れなかったので、電話で詳しく確認した

モニタリングは、「特段の事情」がある場合以外は実施することとなっています。「特段の事情」の例としては、利用者側の事情（入院等）であって、多忙である等のケアマネジャー側の理由は含まれません。

8 介護老人福祉施設(特養)

医師の緊急時対応や看取り介護加算等の重度化に対する改正が多くありました。また、制度改正の大きな方向性である、自立支援(生活機能向上連携加算)、質の向上(身体的拘束等の適正化)、生産性向上(介護ロボット活用)等、ほかの要素も多く取り込まれています。

第3章　介護老人福祉施設

実地指導対策　マルわかり掲示板

①配置医師緊急時加算
☑ 緊急の要請であることの記録が求められます

②夜勤職員配置加算の見直し（Ⅲ）、（Ⅳ）
☑ 喀痰吸引等の実施ができる介護職員については、登録の確認を

③看取り介護加算の見直し（Ⅱ）
☑ 看取り介護加算では、看取りに関する方針への同意が求められる

④排せつ支援加算
☑ 6か月以内に排せつに関する要介護状態の軽減が見込まれること

⑤褥瘡マネジメント加算
☑ 介護給付費明細書の摘要欄の記載も要件の一つ

⑥在宅サービス利用時費用
☑ 在宅サービスの計画と同意が必要

⑦低栄養リスク改善加算
☑ 週5回の食事観察も漏れのない記録を

⑧再入所時栄養連携加算
☑ 本人または家族の同意が必要

⑨介護ロボットの活用の推進
☑ 導入後9週間のヒヤリハット・介護事故の状況確認は少なくとも3週間ごとに

⑩身体的拘束等の適正化
☑ 身体的拘束の実施の有無ではなく、身体的拘束等の適正化に向けた「取り組み」を見られる

2018年　改正ポイント①

●配置医師緊急時対応加算

　医療連携、重度化に対応するために、日中配置されている医師が、施設からの緊急の要請に対し、早朝、夜間、深夜に施設を訪問し、診察を行った際に算定できます。

　複数名の配置医師若しくは、配置医師と協力医療機関の医師が連携し、24時間対応ができる体制であること、看護体制加算（Ⅱ）を算定していることが要件になっています。

配置医師緊急時対応加算

👉ココが見られる！実地指導対策ポイント

☑ 緊急の要請であることの記録が求められます

　この加算では、緊急の要請であることが要件であるため、施設から緊急要請した時間、医師が診療を行った時間とその診療内容の記録が必要です。緊急の要請によるため、定期的、計画的な訪問である場合には該当しません。

2018年　改正ポイント②

●夜勤職員配置加算の見直し（Ⅲ）、（Ⅳ）

従来の夜勤職員配置加算（Ⅰ）、（Ⅱ）に加え、看護職員または喀痰吸引等の実施ができる介護職員が、夜勤時間帯を通じて1人以上配置されている場合に（Ⅲ）、（Ⅳ）の算定ができます。

（新）夜勤職員配置加算（広域型）

	イ．定員30人以上50人以下	ロ．定員51人以上又は経過型小規模
（Ⅲ）従来型	28単位／日	16単位／日
（Ⅳ）ユニット型	33単位／日	21単位／日

※（Ⅰ）、（Ⅱ）は従来どおり。（Ⅰ）～（Ⅳ）のいずれかを算定。

ココが見られる！　実地指導対策ポイント

☑ 喀痰吸引等の実施ができる介護職員については、登録の確認を

（Ⅲ）、（Ⅳ）の算定要件である、喀痰吸引等の実施ができる介護職員については、喀痰吸引等業務の登録または特定行為業務の登録を受けることが求められます。

2018年　改正ポイント③

●看取り介護加算の見直し（Ⅱ）

　従来の看取り介護に対し、さらに施設内で実際に看取った場合に、看取り介護加算（Ⅱ）を算定できます。ほかに複数名の配置医師を置いていること、24時間対応できる体制が確保できていること、看護体制加算（Ⅱ）を算定していること等が要件になっています。

看取り介護加算

	看取り介護加算（Ⅰ）【改定なし】	（新）看取り介護加算（Ⅱ）
死亡日30日前〜4日前	144単位／日	144単位／日
死亡日前々日、前日	680単位／日	780単位／日
死亡日	1,280単位／日	1,580単位／日

👉ココが見られる！　実地指導対策ポイント

☑ **看取り看護加算では、看取りに関する方針への同意が求められる**

　看取りに関する方針は、施設ごとに定めるべきものです。その同意の確認は、看取りを行うときではなく、入所時にあらかじめ本人または家族に説明し、同意を得ることが必要になります。

第3章 介護老人福祉施設

2018年 改正ポイント④

●排せつ支援加算

排せつに関する自立支援と重度化防止を目的とした加算です。排せつに介護を要する入所者のうち、要介護状態を軽減できると医師等が判断した利用者であり、本人もそれを望む場合に対象となります。排せつに介護を要する原因等の分析を行い、分析結果を踏まえて支援計画を作成し、それに基づく支援を行うことが算定要件になります。

・排せつ支援加算　100単位／月【新設】

✓ココが見られる！ 実地指導対策ポイント

☑6か月以内に排せつに関する要介護状態の軽減が見込まれること

排せつ支援加算では、6か月以内に排せつにかかわる介助が、「全介助」から「一部介助」以上、「一部介助」から「見守り等」以上に改善することが見込まれる場合が、対象となります。支援計画の策定においても、この内容が反映された計画が求められます。

2018年　改正ポイント⑤

●褥瘡マネジメント加算

　重度化防止につながる加算です。「介護保険制度におけるサービスの質の評価に関する調査研究事業」において明らかになったモニタリング指標を用いて、少なくとも3か月に1回評価を行い、その評価結果を国に提出します。褥瘡発生のリスクありとの結果になった場合の手順は、下図のとおりです。

　また、評価結果は、介護給付費明細書の褥瘡マネジメント加算の摘要欄に記載し、国に報告します。

褥瘡マネジメント加算の要件

👉ココが見られる！　実地指導対策ポイント

☑ **介護給付費明細書の摘要欄の記載も要件の一つ**

　算定要件には、評価結果を介護給付費明細書の摘要欄に入所者の状態を示す12桁数値を記載するところまでが求められます。請求の担当者まで含めた手順の確認が求められます。

第 **3** 章　介護老人福祉施設

2018年　改正ポイント⑥

●在宅サービス利用時費用

　入所者が居宅に外泊した場合に施設により提供される在宅サービスを受けた場合に、1か月に6日を限度として施設の所定単位に代えて算定できます。外泊時費用を算定してる際には、併算定できません。

　ただし、在宅サービス利用時費用（6日限度）、外泊時費用（6日限度）をひと月で計12日間まで算定できます。

在宅サービス利用時費用

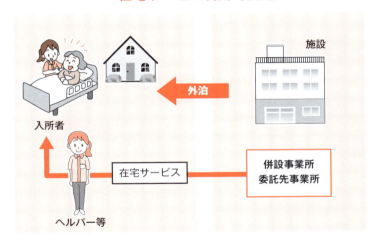

👉ココが見られる！ 実地指導対策ポイント

☑在宅サービスの計画と同意が必要

　外泊時の在宅サービス利用にあたっては、介護老人福祉施設の介護支援専門員による、在宅サービス計画の策定および利用者または家族への在宅サービス計画への同意が求められます。

2018年　改正ポイント⑦

●低栄養リスク改善加算

　自立支援・重度化防止を効果的に推進するにあたり、栄養状態を改善するための評価が新設されました。低栄養リスクの高い入所者に対して、月1回以上、多職種による栄養管理のための会議を行い、低栄養状態を改善するための特別な栄養管理方法等を示した栄養ケア計画を策定し、月1回以上見直します。また、管理栄養士等は食事の観察も週5回以上行い、食事・栄養調整を行います。

低栄養リスク改善加算

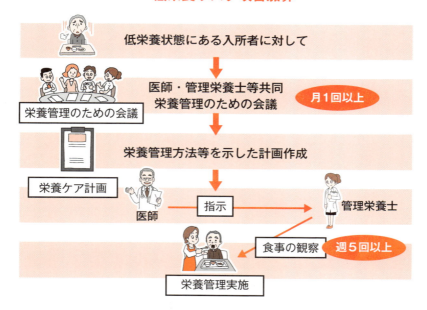

※新規入所時または再入所時のみ算定可
※同意を得られた月から6か月以内に算定可
※褥瘡マネジメント加算とは同時算定不可

第3章 介護老人福祉施設

👉ココが見られる！ 実地指導対策ポイント
☑ 週5回の食事観察も漏れのない記録を

　関連する記録については、週5回の食事の観察が要件になっています。この観察は、原則管理栄養士が1回／日、週5日以上実施することとなっています。やむを得ない事情により管理栄養士が実施できない場合は、介護職員等が観察した結果を管理栄養士へ報告することが必要です。

2018年　改正ポイント⑧
●再入所時栄養連携加算

　医療連携、重度化対応のための加算となります。施設入所者が医療機関から退院する際に、経管栄養・嚥下調整食の新規導入等があった場合に、施設の管理栄養士が医療機関での栄養食事指導に同席し、再入所後の栄養管理について医療機関の管理栄養士と相談のうえ、栄養ケア計画を作成した場合に算定できます。
※算定は１回限り。
※栄養マネジメント加算を算定している場合に限る。

👉ココが見られる！ 実地指導対策ポイント
☑ 本人または家族の同意が必要

　再入所時栄養連携加算については、策定した栄養ケア計画の内容に本人または家族が同意していることが必要になります。日付については、再入所後の日付であることが求められます。

2018年 改正ポイント⑨

●介護ロボットの活用の推進

　今回改正の特色といえる加算です。夜勤職員配置加算（Ⅰ）、（Ⅱ）において、要件となっている、夜勤職員数の最低基準＋1名分について見守り機器を導入した場合には、最低基準＋0.9名分とするものです。見守り機器導入の要件は、以下のとおりです。

- 入所者数の15％以上に配置する
- 見守り機器を安全かつ有効に活用するための委員会を設置し、必要な検討が行われていること

**夜勤職員配置加算の見直し
（介護ロボットの活用の推進）**

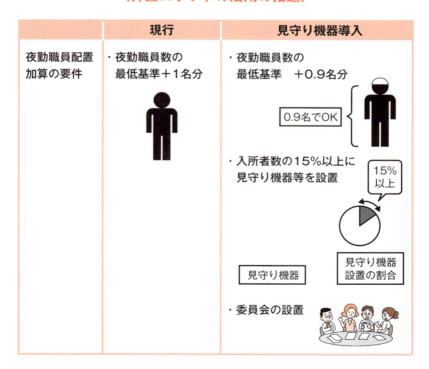

第 3 章 介護老人福祉施設

👉ココが見られる！ 実地指導対策ポイント

☑ 導入後9週間のヒヤリハット・介護事故の状況確認は少なくとも3週間ごとに

　見守り機器等の設置にあたっては、製造業者等に訪室回数や介助時間の減少等の実証効果を確認し、設置後も少なくとも9週間以上見守り機器を活用し、機器導入を安全かつ有効に活用するための委員会において、必要な分析・検討を行ったうえで届出を行い、加算を算定するものとされているため、導入後約2〜3か月後が届出の目安になります。上記の9週間については、少なくとも3週間ごとにヒヤリハット・介護事故の状況を確認することとされています。特に、導入時は、どんな事故につながるか経験的に不明な点も多いので、些細なことも報告することが望まれます。

　また、導入数の要件として入所者数の15％以上となっていますが、ここに空床を含めることはできません。

2018年　改正ポイント⑩

●身体的拘束等の適正化

身体的拘束廃止未実施減算の要件と減算単位数が改正され、以下の要件が加わりました。

- 身体的拘束等の適正化のための対策を検討する委員会を3か月に1回以上開催
- 身体的拘束等適正化のための指針を整備し、定期的な研修を実施

減算単位数は、従来は全入所者に対し、5単位／日減算でしたが、本改正では、10％／日減算となりました。たとえば、ユニット型介護福祉施設サービス費（ユニット型個室・要介護5）の場合、910単位×10％＝91単位／日減算となり、従来の18倍以上になる場合もあるなど、減額幅が大変大きくなっています。

身体拘束廃止未実施減算の改定内容

	改正前	改正後
単位数	5単位/日減算	10％/日減算 （※91単位/日減算）
要件	下記を行っていない場合 緊急やむを得ない場合の身体的拘束等を行う際の記録 ・身体的拘束等の態様 ・時間 ・入所者の心身の状態 ・やむを得ない理由	下記を行っていない場合 ①改正前要件 ＋ ②身体的拘束等適正化のための委員会を3か月に1回以上開催 ③-1 身体的拘束等適正化のための指針を整備 OR ③-2 身体的拘束等適正化のための定期的な研修を実施

※ユニット型介護福祉施設サービス費（ユニット型個室・要介護5）の場合、910単位×10％＝91単位/日減算

👉ココが見られる！ 実地指導対策ポイント

☑ 身体的拘束の実施の有無ではなく、身体的拘束等の適正化に向けた「取り組み」を見られる

　身体的拘束廃止未実施減算は、従来から設定のある項目ですが、今回の改正で要件に追加があり、減算額も大幅減額となったため、実地指導時には重点的に確認される項目であると考えられます。

　今回の減算では、従来のような身体的拘束等実施の有無にかかわらず等、取り組み状況を問われるので、取り組まなければ減算対象になります。取り組むべき内容は、下記②～④です。（①は、身体的拘束等を行う場合の記録要件）

①身体的拘束等を行う場合には、その態様および時間、その際の入所者の心身の状況ならびに緊急やむを得ない理由を記録すること。
②身体的拘束等の適正化のための対策を検討する委員会を3月に1回以上開催するとともに、その結果について、介護職員その他の従業者に周知徹底を図ること。
③身体的拘束等の適正化のための指針を整備すること。
④介護職員その他の従業者に対し、身体的拘束等の適正化のための研修を定期的に実施すること。

実地指導時のポイント

介護老人福祉施設（特養）の人員基準の確認においては、職員の数、職種、常勤・非常勤の雇用形態、非常勤の勤務時間帯等と確認される項目は多岐にわたっており、最低限の基準を満たしているか、また加算の要件を満たしているかという点では複雑な計算を求められます。

最近では勤怠管理、賃金計算、給与計算まで複雑な条件に対応する会計ソフトも販売されていますが、勤怠管理や就業時間の集計をエクセル等の表計算ソフトで行っている施設もみられます。多くの場合、都道府県等から提示される勤務形態一覧表の様式を基本に作成されており、介護・看護職員数等、常勤換算値で基準が示されている職員数について、表計算ソフトに集計式や関数を入力し、1か月の常勤換算数を算出します。施設で規定した就業時間等柔軟な定義ができる反面、式の入力を間違える可能性もあり、職員の追加があった場合に合計欄に含まれていなかったり、小数点以下の処理を設定していないだけでも、人員基準に不足が生じる場合があります。

勤務形態一覧表の集計ミスの例

職種	雇用	氏名							
介護職員	A	井上　A太	②8	④8	⑤8			①8	③8
介護職員	A	新田　B輔	⑤8	①8	⑧8	④8	⑤8		
介護職員	A	三好　C美	③8						
介護職員	A	島本　D代	④8						
		後藤　E子	②0	②6	②0				
介護職員	●	村山　F彦	②8	②8			②8	②8	②8
合計時間／日【①〜⑥合計】			32	22	24	30	24	16	24

行挿入で1名追加

合計欄の式に村山さんの分を追加するのを忘れた！

第 **3** 章　介護老人福祉施設

　筆者も、勤務形態一覧表の確認を依頼される場合がありますが、他人の作成したエクセルの計算式や関数は大変内容が把握しづらいものです。ぜひ、設定されている計算式や関数の説明用の行や列を作成することをお勧めします。また、できれば集計欄には、対象となる加算と基準となる数値（たとえば、夜勤職員配置加算（Ⅰ）3.0人以上）を記入しておけば、他の担当者もチェックしやすくなります。

　担当者の異動や退職があると、引き継ぎも十分でないまま前任者の作成したエクセル表を編集することもあるかと思います。他人が設定した計算式を把握するだけでも、多大な時間を要するため、このようなエクセル表を日頃から整備しておくことは、人員配置基準等の確認においては非常に有効です。

勤務形態一覧表のコメント等の例

① 8	③ 8	④ 8	⑤ 8		160
		① 8	③ 8	④ 8	160
④ 8	⑤ 8			① 8	160
③ 8	④ 8		④ 8	③ 8	160
② 8	② 0	② 6			160
		② 8	② 8	② 8	160
30	24	30	24	24	756

4.7 ← **1か月の勤務時間合計（ＡＪ60）を40時間／週×4週(常勤1人分)で算出した値**

1か月の①～⑥勤務時間合計（ＡＪ60）

第 4 章
実地指導の結果と
その後の対応

CONTENTS

1　結果報告

2　サービス別　改善状況報告書の作成例

3　再発防止へのＰＤＣＡ

実地指導の結果は、当日に概要が口頭で報告され、後日正式な文書として事業所に届きます。ここでは、実地指導後の流れ、改善状況報告書の作成、そして再発防止への取り組みについて解説します。

1 結果報告

● ポイント①
結果の概要は当日口頭で伝えられる

実地指導後の流れ

※介護報酬を返還する必要がある場合

　まず、実地指導後の17時頃に「講評」が設定され、実地指導の結果について、その概要を口頭で伝えられます。

　この講評の前、約30分程度で、実地指導担当者がその日の結果を協議します。この協議は内容が事業所の従業員に聞かれないように別室もしくは、事業所内に適当な場所がなければ事業所外で行われることもあります。

● ポイント②
口頭指導と文書指摘
　協議の結果、口頭指導、文書指摘が伝えられます。
（口頭指導）
　その名の通り"口頭"なので、当日も口頭だけの指導で、実地指導

結果にも記載されません。また、改善報告の対象でもありませんが、改善することを求められます。ただし、内容は軽微なものなので、早急に対応できる場合がほとんどです。

> （例）
> ・出勤簿に上司のハンコがない
> ・非常口の手前にダンボール箱がある
> ・テーブルの角に保護カバーを付ける　など

（文書指摘）

当日は手書きの文書で提示され、そのコピーが手渡されることになります。後日、正式に実地指導結果報告書と共に、指摘事項、改善を要する事項が記載された通知書が届きます。実地指導結果報告書が届くまでの日数は、自治体により違いもありますが、概ね1か月です。

● **ポイント③**

報酬返還の場合は全件チェックが要求される

また、介護報酬の算定要件を満たしていない場合には、介護報酬を返還することになります。返還の対象は、利用者全員であったり、加算の対象者である一部の利用者、また配置基準を満たしていなかった、数日分が対象等様々です。

実地指導では、1件でも算定要件を満たさない事例があれば、「他の日、他の月も同じようなミスが想定されるので、全件チェックして下さい」というスタンスです。

居宅介護支援事務所のモニタリング記録（例）

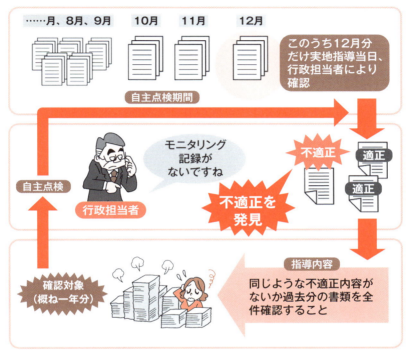

　よって、算定要件を満たしていない利用者の抽出は事業所側に委ねられています。ただし、ここで本当は10名が返還対象だったところ、報告を5名だけにしたということになると虚偽報告になります。返還すべき金額を虚偽で過小に見積もることは極めて悪質なので、その後のペナルティは大きくなる可能性があります。遡る期間については、記入ミスや記録漏れといった過失であれば、1年程度とされることが多くなっています。ただし、悪質な場合、故意によるものが疑われる場合は、指導から監査への変更含め、1年の限りではないことが想定されます。

●ポイント④
実地指導の約1ケ月後に結果が通知文書として届く

この通知文書には実地指導の結果のほか、指導事項がある場合には、事業所側が作成する改善状況報告書の提出期限なども記載されています。まずは記載内容を一つひとつチェックしましょう。

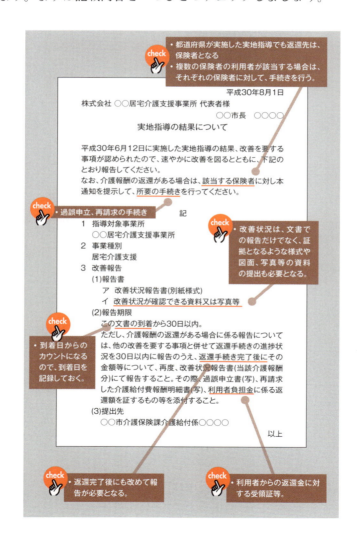

● **ポイント⑤**
「改善を要する事項」に記載されている内容は、正確に把握する

　「実地指導結果通知書」には、実地指導当日に「講評」として口頭で伝えられた内容が、整理され記載されています。ここでは、何がいけなかったのか、何が不足していたのかが理由として記載されているので、その内容を改善するための対策を改善報告書に記載することになります。

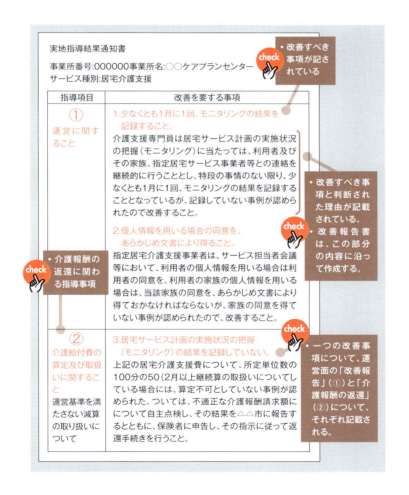

2 サービス別　改善状況報告書の作成例

● **ポイント①　改善状況報告書は1か月以内に作成を**

　文書指摘事項は、改善状況報告書を作成し、おおむね1か月の期限をもって報告します。改善が完了していない項目（たとえば、個別サービス計画書を作成していない件数が多くて、1か月では難しい等）の場合は、完了予定日を記載して報告します。

● **ポイント②　内容が不十分な場合、再提出を求められる**

　改善状況報告書の内容については、提出後に「内容が不十分」、「指摘した内容と異なる」等の理由により、修正し再提出を求められる場合もあります。筆者も文書指摘の指摘内容の認識が違っていた場合に、「指摘した内容はそこではない」ということで、改めて指摘の内容や理由について詳しく説明を受けたことがあります。指摘を受けた内容を理解できていないということは、正しい改善策もつくれないので、反省の態度としても疑問をもたれます。このようなことがないように、実施指導の講評時における文書指摘の内容については、「なぜ指摘されたのか？」という理由や原因について、行政担当者と認識の違いがないように、正確に理解しておく必要があります。

● **ポイント③　改善を要する事項**

　実地指導結果通知に記載されている内容をそのまま入力します。要約したり、変更する必要はありません。

● **ポイント④　改善状況**

　報告書において最も重要な部分です。改善状況については、個別に検討するのではなく、事業所として今後どう改善していくべきか、スタッフが意見を出し合い、具体的に改善策を記載します。

● **ポイント⑤　時期**

　この欄は、「改善状況」に記載した内容の改善策をいつから実施するのか、もしくはすでにしているのかの具体的な時期を記します。

●訪問介護編　作成ポイント

アセスメントが実施されていない事例があるという指摘に対して、それまではアセスメントの様式が定められていなかったため、その実施状況にバラツキがあったことを主な原因と考え、必ず作成するフェイスシート一体式のアセスメントシートを導入することとしています。

改善状況報告書

（区市町村名）○○市
（法人名）株式会社○○○○（事業所名）　○○○○（事業種別）訪問介護

改善を要する事項	改善状況（又は方策）	時期（期限）
【運営に関すること】 1　訪問介護の提供によって解決すべき問題状況を明らかにすること。 　訪問介護計画書の作成に当たっては、利用者の状況を把握・分析し、訪問介護の提供によって解決すべき問題状況を明らかにし（アセスメント）、これに基づき、援助の方向性や目標を明確にする必要があるが、アセスメントを行っていない事例が認められたので、改善すること。	初回訪問時に利用者の状況を把握するために身体状況、生活状況、精神状態、家族状況等を所定の様式に記録するようにした。（別紙添付「フェイスシート」）	H30.01より実施
2　個人情報を用いる場合の同意を、あらかじめ文書により得ること。 　指定訪問介護事業者は、サービス担当者会議等において、利用者の個人情報を用いる場合は利用者の同意を、利用者の家族の個人情報を用いる場合は、当該家族の同意を、あらかじめ文書により得ておかなければならないが、家族の同意を得ていないので改善すること。	所定の様式「個人情報使用同意書」に家族代表者の署名捺印欄があるが、その記載がなされていない場合があった。個人情報使用同意書については全利用者に対し家族の署名捺印が必要であることを周知徹底した（「契約時マニュアル」への追記及び、平成30年1月30日事業所会議で全サービス提供責任者に伝達済み）。	H30.01より実施

- 実地指導結果通知書に記載のあった「改善を要する事項」の内容をそのまま転記する。

- 指導事項の再発防止のための改善内容や実施した方策について記載する。

POINT
- 改善策で新たな様式等を作成した場合は、その様式も添付する。
- 相談室等に設備に関する改善状況であれば、平面図や改善後の写真を添付する。

POINT・実施日を明記する

- 周知徹底した場合は、その内容を具体的に記載する。

＊記載内容は、仮定した事例です。個々の指導内容により、改善状況も異なります。

改善したフェイスシート

フェイスシート　　平成　　年　　月　　日

利用者	フリガナ				生年月日	明・大・昭　　年　　月　　日生（　　　）		
	氏名		男女	住所			電話	
所事名業			電話			担当ケアマネ		
被保険者番号			介護度	支1　支2　1　2　3　4　5　申請中				
認定日	平成　　年　　月　　日		認定有効期間	平成　　年　　月　　日〜平成　　年　　月　　日				
連絡先①	氏名		続柄（　　　）	電話				
	住所							
連絡先②	氏名		続柄（　　　）	電話				
	住所							

check アセスメント内容の記入欄を追加した

身体状況

視力	□普通　□大きな字なら　□ぼんやり　□見えない	眼鏡	有・無
聴力	□普通　□大きな声なら　□耳元で　□聞こえない	補聴器	有・無
言語	□普通　□聞き取りにくい　□聞き取れない		
歩行	□自立　□一部介助　□全介助　□杖　□歩行器　□車椅子		
行動範囲	□一人で外出する　□家の周り　□室内のみ　□床の上のみ　麻痺　有・無（　　　）		
皮膚	床ずれ　有・無　部位（　　　）　疥癬　有・無　水虫　有・無		
アレルギー　有・無	体格　□やせ気味　□普通　□太り気味		

生活状況

食事	□常食　□きざみ（　　　）　□流動　□ペースト　□鼻腔
	食事介助　有・無　□箸　□スプーン　□フォーク　□その他（　　　）
	食事制限　有・無　食事回数　　回　禁止食（　　　）
	飲み込み　良・悪　治療食　糖尿食（　　　cal）　減塩食（　　　g）
歯	義歯　有・無　　使用中・除去中
排泄	□自立　□トイレまで介助　□ポータブル使用　□オムツ（常用・夜のみ）
	排便　　回／　　日　下剤使用　有・無
入浴	□自立　□一部介助　□全介助　更衣　□自立　□一部介助　□全介助
睡眠	□良好　□断続的　□不眠　眠剤使用　有・無　時間（　　　）　ベッド使用　有・無

精神状態

記憶	名前　可・不可　年齢　可・不可　認識　日付　可・不可　現在地　可・不可
疎通	□普通　□やや悪い　□悪い　問題行動　□徘徊　□不潔行為　□夜間せん妄
「特記事項」	

備考	

【既往歴及び現症】	医療機関及び指定病院
	（TEL）
	主治医
	受診回数　（月・週）　回、通院　回、往診　回
ガラス版法（　）　凝集法（　）　TPHA（　） 結核疾患（　）　HBS抗体（　）　HCV抗体（　）	【薬】服薬：　有・無
身障手帳　有・無　等級　種別　投薬管理	自己・家族・その他（　　　）

【家族状況】	【一日の生活及び介護者の状況】
	朝　　　　　昼　　　　　夜
主な介護者	
結婚　未婚・既婚（有配偶者・離婚・死別）	（備考）趣味、出身地等
形態　単身・老人所帯・同居・同一敷地・他（　）	

	日	月	火	水	木	金	土
午前							
午後							

No.	医療機関・事業所名	救急指定	診療科目	主治医	TEL/FAX
1					（　　）（　　　）
2					（　　）（　　　）
3					（　　）（　　　）
4					（　　）（　　　）
5					（　　）（　　　）

● **通所介護編　作成ポイント**

① **「通所介護計画書」の改善→P172参照**

「通所介護計画書」の記載内容に対する改善事項でしたが、未記載の情報が具体的に指摘されていたため、その部分を改善しています。

また、「サービス提供日」、「サービス提供時間」欄を追加した。あわせて、居宅サービス計画の交付との関連をわかり易くするために、「担当ケアマネジャー（支援事業所名）」欄を追加しました。

改善状況報告書

（区市町村名）○○市
（法人名）株式会社○○○○（事業所名）○○○○　（事業種別）通所介護

改善を要する事項	改善状況（又は方策）	時期（期限）
【運営に関すること】 1　具体的なサービス内容等を記載した通所介護計画書を作成すること。 　指定通所介護事業所の管理者は、利用者の心身の状況、希望及びその置かれている環境を踏まえて、機能訓練の目標、当該目標を達成するための具体的なサービス内容等を記載した通所介護計画を作成しなければならないが、日程（サービス提供日、サービス提供時間）等が未記載の事例が認められたので改善すること。	通所介護計画書にサービス提供日、サービス提供時間の記入欄がなかったため、通所介護計画書様式にサービス提供日、サービス時間を記載する欄を追加した。（添付資料：通所介護計画書） **POINT**　・通所介護計画書の様式変更により、改善を行ったので、それを証するものとして、通所介護計画書を添付資料として提出する。	H30.01より実施
2　居宅サービス計画の交付を受けて通所介護計画を作成すること。 　通所介護計画は、居宅サービス計画の内容に沿って作成しなければならないが、居宅サービス計画の交付を受けていない事例が認められたので、居宅サービス計画の交付を受け、その計画に基づいて通所介護計画を作成すること。	通所介護計画書作成時に、居宅サービス計画の交付を確認しやすくするために通所介護計画書に「担当ケアマネジャー」記載欄を追加した。これにより、担当ケアマネジャーからの居宅サービス計画書の交付を受けていることを確認し、その内容に基づき通所介護計画を作成するものとする。（添付資料：通所介護計画書）	H30.01より実施
・上記同様、通所介護計画書の様式変更により改善を行った		

② 「個別機能訓練加算（Ⅰ）」の対応と報酬返還 →P173参照

　人員配置に対する改善事項でしたが、要件を満たす人員配置が難しいため、加算を算定しないという対応としています。

　また、要件を満たしていない時期の介護報酬請求については返還する手続を取っています。

③ 「避難訓練計画」の策定 →P174参照

　具体的な訓練ができるように日時、担当者や役割を定めるのが望ましいです。実施後には、実施記録として、所要時間、課題等を記載します。

改善を要する事項	改善状況（又は方策）	時期（期限）
3 非常災害に関する具体的計画を策定すること。 　指定通所介護事業者は、非常災害に関する具体的計画を立て、非常災害時の関係機関への通報及び連絡体制を整備し、それらを定期的に従業者に周知するとともに、定期的に避難、救出その他必要な訓練を行わなければならないが、当該計画を策定していないので改善すること。	避難訓練計画を策定した。「○○○○避難訓練計画」（別途添付） 　訓練実施にあたっては事業所内及び周辺への周知を含めて3月中旬とした。 POINT ・まだ実施できていない場合は、予定を記載する。	H30.03実施予定
【介護給付費の算定及び取扱いに関すること】 **1 個別機能訓練加算（Ⅰ）について** 　個別機能訓練加算（Ⅰ）は、指定通所介護を行う時間帯を通じて、専ら機能訓練指導員の職務に従事する常勤の理学療法士、作業療法士、言語聴覚士、看護職員、柔道整復師又はあん摩マッサージ指圧師を1名以上配置して行うものであるが、機能訓練指導員の配置がないにもかかわらず、当該加算を算定していた事例が認められたので、改善すること。 　上記について、個別訓練加算の基準に適合していない不適正な介護報酬請求額について自主点検し、その結果を○○県に報告するとともに、保険者に申告し、その指示に従って返還手続きを行うこと。	POINT ・指導以降、加算算定をしなくなった場合は、その開始時期を記載する。 個別機能訓練加算（Ⅰ）は平成30年1月より看護職員の配置をしていないため以降、算定していない。 　介護報酬の返還については、介護報酬返還予定額一覧（別途添付）による。 POINT ・自主点検として、事業所で不適正な介護報酬請求を遡って確認した結果、該当したものについては、介護報酬返還予定額一覧にて集計し、添付資料とする。	H30.01より実施

第4章 実地指導の結果とその後の対応

改善した通所介護計画書

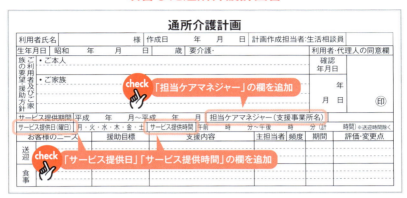

介護報酬返還予定額一覧

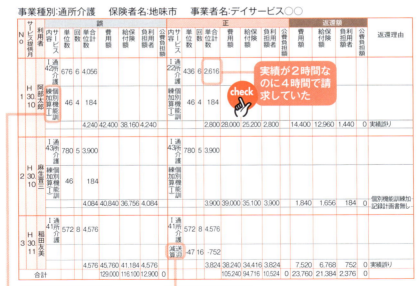

173

避難訓練計画（案）

○○○デイサービス避難訓練計画（案）

実施日：　平成30年3月22日（木）13:30〜14:00（悪天候時延期）
出火場所：○○○デイサービス（以下デイ）厨房
訓練概要：火災の発生から通報・初期消火及び避難の一連の訓練

1）出火の通報を事務所に伝える。且つ、消火器による初期消火を行う。

2）通報を受けた事務職員は、消防への連絡を的確に行う。

3）市役所駐車場へ避難誘導
　・デイの利用者は、玄関出入口から避難（車椅子の方も）

4）避難場所にて利用者の安否確認し、管理者（岸田）へ報告。

役割分担：

1）火災発見（デイ・麻生〈第1発見者・初期消火〉、石破〈事務所通報〉）
　・第1発見者は大きな声で火災を知らせ、消火器で初期消火に努める。
　・火災の知らせを受けた者（石破）は、通報の手順に従って119番通報を行う。

2）デイ内での対応（石破、麻生）
　・大きな声で「火災訓練です!火災訓練です!!　ただ今、厨房より火災が発生しました。職員の指示に従って落ち着いて行動して下さい」と話す。
　・デイの職員は、トイレ・リビング等にいる利用者を正面玄関まで誘導し、避難誘導の待機をしている職員へ送る。（事前に首から名前札を掛ける）
　・避難口（正面玄関）を開放し、避難経路に従い誘導を行う。
　・順次声掛け等を行い、パニック防止に努める。

3）避難誘導（小池、岸田）
　・デイ出入口まで行き、利用者を順次、避難場所まで誘導する。
　・車には十分に気をつけながら、声掛け等を行ってパニック防止に努める。
　・駐車場まで誘導し、安全を確保したらすぐに次の利用者を迎えに行き、誘導する。

4）救護（麻生）
　・救急箱、防災グッズの持ち出し。
　・負傷者に対する救急処置を行う。

5）点呼、確認
　・全員が避難後に管理者に報告。
　　デイ　利用者　10人　　職員　4人　　うち負傷者　2人
※今回の避難訓練は、デイサービスの利用者の避難誘導を目的とする。

以上

●居宅介護支援編　作成のポイント

①「モニタリング」について→P176参照

毎月実施すべき業務であるため、月次の実施管理ができるようなチェック表を作成しました。

②「介護報酬返還」について→P176参照

所定の様式で正誤それぞれの金額を記載し返還額を集計しました。実際の返還作業は別途、保険者との手続が必要です。

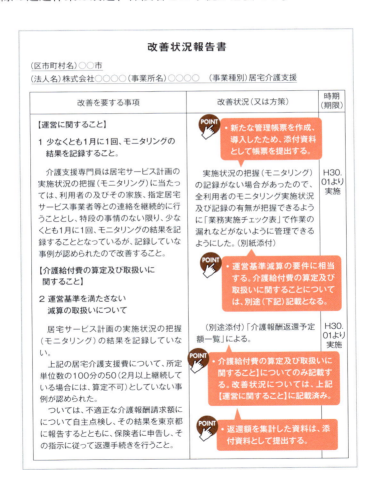

居宅介護支援　業務実施チェック表

・各業務について実施日を記載する。

No	氏名	業務	認定有効期間	H30												備考
				1	2	3	4	5	6	7	8	9	10	11	12	
1		サ担当者会議														
		訪問・面接														
		モニタリング														
2		サ担当者会議														
		訪問・面接														
		モニタリング														
3		サ担当者会議														
		訪問・面接														
		モニタリング														
4		サ担当者会議														
		訪問・面接														
		モニタリング														
5		サ担当者会議														
		訪問・面接														
		モニタリング														

介護報酬額返還予定額一覧

保険者（△△市）事業所名 株式会社スマイル スマイルケアプランセンター（★★居宅介護支援事業所）

No.	利用者名	サービス提供月	誤請求		正しい請求		返還額	返還理由
			単位数	保険給付額	単位数	保険給付額		
1	○田　○○子	H29.3	1,353	13,530	947	9,470	4,060	モニタリングの記録がなかったため
2	△山　△代	H29.7	1,042	10,420	729	7,290	3,120	モニタリングの記録がなかったため
3	△山　△代	H29.8	1,042	10,420	729	7,290	3,120	モニタリングの記録がなかったため
4	◇川　◇郎	H29.11	1,353	13,530	947	9,470	4,060	モニタリングの記録がなかったため
5	◇川　◇郎	H29.12	1,353	13,530	947	9,470	4,060	モニタリングの記録がなかったため
6								
7 ...								
	合　計		6,043	61,430	4,299	42,900	18,440	

check 誤った請求額

減算後の請求額 check

これに対する再発防止策も報告すること

第4章 実地指導の結果とその後の対応

● **福祉用具貸与編　作成のポイント**

　福祉用具専門相談員の員数に対する改善内容。記載事例は、不足していた人員が確保できた内容になっていますが、確保の予定が立たない場合は、人員確保策等を含めて指定権者との相談も必要となります。

改善状況報告書

法人名:株式会社○○○○
事業所名:○○○○　　事業種別:福祉用具貸与
所在地:(区市町村名)○○市

改善を要する事項	改善状況(又は方策)	時期(期限)
【運営に関すること】 1　福祉用具専門相談員の員数を、常勤換算方法で2以上とすること。 　指定福祉用具貸与事業者は、指定福祉用具貸与事業所ごとに置くべき福祉用具専門相談員の員数は、常勤換算方法で2以上としなければならない。 　しかしながら、貴事業所においては、実地指導日時点(平成30年9月4日)の福祉用具専門相談員の員数を確認した結果、配置されていた2人の福祉用具専門相談員のうち1人が退職しており、常勤換算方法で2以上を満たしていない。 　ついては、福祉用具専門相談員の員数が、常勤換算方法で2以上となるように適切に人員を配置すること。	平成30年10月1日より、新たに職員1名を福祉用具専門相談員として配置した(平成30年10月2日変更届提出済み)。保有資格は、福祉用具専門相談員である。これにより、福祉用具専門相談員の員数は、常勤換算方法で2となった(添付資料:雇用契約書、資格者証、勤務形態一覧表)	H30.10.01以降改善済

> **POINT**
> ・人員基準を満たしていない場合は、その改善策として、新たに職員を採用した場合は、職員の雇用契約書、資格者証、勤務形態一覧を添付資料として提出する。また、福祉用具専門相談員の変更に関わる変更届の写しも添付することが望ましい。

●サービス付高齢者向け住宅編　作成のポイント

　サービス付高齢者向け住宅では、実際のサービス提供は少ないため、入居契約者への告知情報やその根拠が明示されいるか等の利用者保護の観点に立った情報開示の視点が重視されています。

改善状況について

住宅名:○○○○　　登録番号:＊＊＊＊
記入者:△△△△　　電話番号:＊＊-＊＊＊＊-＊＊＊＊

改善を要する事項	改善状況（又は方策）	時期（期限）
（項目）構造及び設備 （内容） ・光熱水費は、使用量によらず定額で徴収しているため、契約書に光熱水費の徴収額の算出根拠を明示すること。	・契約書を改定した。契約書の光熱水費の算出根拠として、電気代、水道代、ガス代の金額及び相当量を明記した。 **POINT**・各種費用の設定は、事業者側で行えるが、算出根拠を示す必要がある。	H30. 8.31 改善済
（項目）金銭受領 （内容） ・平成30年1月から賃料改定を行い料金を下げているが、情報提供システムに反映していないため変更届を提出すること。	・改定後の賃料で変更届を提出した。 **POINT**・利用料金については、介護保険のように定められないので、任意に設定することが可能であるが、改定にあたっては、変更届が必要になる。	H30. 8.31 改善済
（項目）高齢者生活支援サービス （内容） ・資格要件を満たしたものを毎日日中駐在させること。 日中の職員配置について、登録上は職員1人を配置するとしているが、デイサービスとの兼務のため、住宅のサービスを提供する職人の配置がない日が存在する。登録内容を満たす職員配置を行うこと。	・高齢者生活支援サービスを提供する職員を1人配置した。 **POINT**・サービス付高齢者向け住宅は、同じ建物内にデイサービス等が併設されているため、介護保険事業所の職員と兼務する場合が多く見られるが、勤務時間が重複しないように配置する。出勤簿もサービス付高齢者向け住宅と介護事業所は分けて作成する。	H30. 9.1 改善済
（項目）高齢者生活支援サービス （内容） ・提供した生活支援サービスの内容を記録した帳簿を作成し、保存すること。 生活相談の内容を記録する仕組みを構築するように努めること。	・生活支援サービス及び生活相談の内容を記録する様式を定めた。記録は、提供した職員が行い、管理者が確認することとした。 **POINT**・サービス付高齢者向け住宅でも記録が必要となる場合がある。	H30. 8.21 改善済

【記載上の注意】
○改善を要する事項:立入検査結果通知書別紙の「改善を要する事項」の全文を転記すること。
○改善状況又は方策:項目別に、その改善状況又は方策について具体的に記入すること。
○改善の時期（期限）:「○月○日改善済」、「改善中」又は「○月○日までに改善する予定」等、具体的に記入すること。

● **ポイント⑥ 介護報酬返還の場合**

　介護報酬を返還する必要がある場合は「再発防止策を策定し、改善しました」というだけではコトはおさまりません。返還対象となる保険分金額、利用者負担分金額を確定します。また、実際に返還の手続を進めていることが確認できるように過誤申立書、再請求した介護給付費請求書、明細書も併せて報告します。

　期間や件数によっては、遡って1年分の返還額を集計した結果、返還金額が事業所の1か月の売上を超える場合もあるかも知れません。その場合には、分割しての返還が可能であるか、またその回数について保険者給付担当等と相談することになります。

介護報酬返還の場合の対応

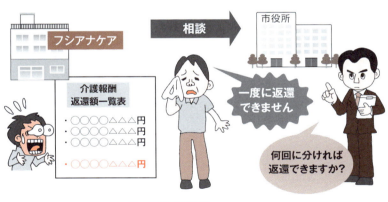

③ 再発防止へのPDCA

　実地指導の指摘事項について、改善状況報告の作成と介護報酬の返還という対応で終わらせるのであれば、期限に間に合うように報告するだけで完了と言えるかも知れません。

　しかし、何らかの指摘があったということは、たまたま今回指摘されたのは一部分だけであり、他にもその「予備軍」となる状況も含まれているのではないか？と想定し、再発防止（今回の指摘されなかった部分も含めて）の体制を整える最適の機会と考えることもできます。

指導後の心構え

第4章　実地指導の結果とその後の対応

　ここで、再発防止に向けた体制つくりを「改善のサイクル」ＰＤＣ
Ａの４ステップで見ていきましょう。

Plan：計画 **人員配置基準、算定要件等の正確な理解と管理を目指す。**

　実地指導で指摘された内容や、事業所の体制、取得している加算に
応じて、どのような確認、管理を行うべきかを計画します。ここでは、
しくみ（業務、確認の流れ）の計画と優先順位を意識したスケジュー
ル面の計画があります。

　人員配置基準、算定要件等の確認方法や管理手順を検討するにあた
っては、まず法令等を調べて把握、理解することが欠かせません。よ
って、それらをふまえたうえでの「Plan：計画」になります。

Do：実施 **計画した方法や手順通りにできるのか!?**

　計画で策定された人員配置基準、算定要件等に対する確認、管理体
制のスタートです。記録や確認のタイミングも都度や毎日、毎週、毎
月末等々あると思います。事業所の全員が新しい体制への理解に取り
組みます。

　もし、優先順位をつけて一部分の運用ということであれば、まず限
定された範囲での実施ということでも構いません。

Check：確認 **目指すべきことができているか、効果も含めCheck。**

　計画を実施したら、その確認が必要です。毎日チェックする管理表が
週に１回しか記入されていない、記入の仕方が間違っている、記入
担当が決まっていなかったなど、なかなか思うように実施できない点
もあるかと思います。なかには加算の算定要件の認識が間違っている
人もいるかも知れません。また、策定した管理手順が目的に合ってい
ないような場合も出てくる可能性があります。

Action：改善 **確認方法や管理手順の標準化へ。**

　「Check：確認」でみえてきた、確認方法、管理表記入の間違いや

181

各職員の認識の相違等については、マニュアルや事業所内の研修等を通じて一定レベルに標準化していく必要があります。また、目的に合っていない手順を改善していくこともこのステップで行います。

目指すは「ようこそ！　実地指導」

　大事なことは、事業所全体の取組みなので、各職員が人員配置基準や算定要件等を理解しても、それらを満たしていないことを発見できる仕組みや、それを防ぐ管理の手順がないと「介護保険法」の専門家集団（＝評論家）になるだけということです。そうならないために、たとえ新人職員が来ても、事業所で定められた方法で記録等を行い、決められた手順で記録等の管理を行えば、人員配置基準や算定要件等は常時キープできているというような事業所を目指していただきたいと思います。いつ実地指導に来られても慌てない「ようこそ！　実地指導」と思える事業所が増えることを願ってやみません。

再発防止に向けたPDCA-1

略	対応段階	概要	内容
P	Plan (計画)	・法令等の根拠の把握、理解 ・それらを確認、管理する方法等を策定 法令等	・人員配置基準や算定要件等が満たしていることが確認できるような方法を策定する ・また、その状態が維持できているかの管理や問題があった場合の対応手順を策定する 人員配置基準、算定要件等
D	Do (実施)	・策定された確認や管理の実施 利用者台帳　実施記録　モニタリング	・計画段階で策定された確認方法、管理手順、ツール（記録簿、管理表、チェックシート等）を実際に運用する

再発防止に向けたPDCA-2

略	対応段階	概要	内容
C	Check (確認)	・計画通りのことができたか確認 利用者台帳　　実施記録 モレ 間違い ヌケ 期限遅れ	・実際に運用した確認方法、管理手順、ツールが計画どおりに使えたか、期待した効果があったか確認する えっ?!全部できてると思ったのに オレの記録は完璧だからチェックしなくていいや ?????
A	Action (改善)	・改善を通じ運用定着に向けた標準化 業務 チェックリスト	・Checkで指摘された内容を改善し、事業所内で標準化に向けた仕組み作り(ルール化、マニュアル作成、研修等) 管理マニュアル　　見直しミーティング 進捗会議　　記録作成研修

著者略歴

楠元睦巳（くすもと むつみ）

株式会社オフィスイーケア代表取締役

株式会社やさしい手にて業務部長、城南事業部長、ISO 内部監査員。ミモザ株式会社にて居宅介護事業本部常務執行役員、内部監査室にて施設・通所・訪問系サービスの内部監査を担当。
2008 年オフィスイーケア創業、2017 年株式会社オフィスイーケア設立。
介護保険制度、介護保険請求業務、給付管理、コンプライアンスに関する執筆、セミナー、研修の他、福祉サービス第三者評価、自治体の介護保険事業計画の策定支援にも携わる。

執筆等：介護事業所に人が集まる PDCA 仕事術（メディカ出版）、介護保険事務講座テキスト（ユーキャン）、ケアマネジャー講座（ユーキャン）、介護保険事務士養成テキスト（つしま医療福祉研究財団）、月刊ケアマネジャー（中央法規出版）連載他

資　格：社会福祉士、介護福祉士、介護支援専門員、東京都福祉サービス第三者評価員、介護福祉経営士 2 級、介護プロフェッショナルキャリア段位制度外部評価審査員、全国社会福祉協議会・福祉職員キャリアパス対応研修課程専任講師、日本介護経営学会会員

```
メールアドレス    muzmi@oe-care.com
ホームページ      http://oe-care.com/
facebook         https://www.facebook.com/office.e.care/
```

ココが見られる！　2018 年報酬改定対応
介護保険サービス別　実地指導対策のポイント

2018 年 9 月 10 日　発行

著　者　楠元睦巳

発行者　荘村明彦

発行所　中央法規出版株式会社

〒 110-0016　東京都台東区台東 3-29-1　中央法規ビル

営　業　　TEL 03-3834-5817　FAX 03-3837-8037

書店窓口　TEL 03-3834-5815　FAX 03-3837-8035

編　集　　TEL 03-3834-5812　FAX 03-3837-8032

https://www.chuohoki.co.jp/

装幀・本文デザイン・DTP　ISSHIKI（デジカル）　イラスト　前野コトブキ

印刷・製本／図書印刷株式会社

ISBN978-4-8058-5747-2

定価はカバーに表示してあります。落丁・乱丁本はお取り替えいたします。
本書のコピー、スキャン、デジタル化等無断複製は、著作権法上の例外を除き禁じられています。
また、本書を代行業者等の第三者に依頼してコピー、スキャン、デジタル化することは、たとえ個人や家庭内での利用であっても著作権法違反です。